JN097100

21世紀のスキル

問題解決とイノベーションの作法

小宮山邦彦
（元小松製作所専務）

にじゅういち出版

「少なくして学べば則ち壮にして為すことあり。
壮にして学べば則ち老いて衰えず。
老いて学べば則ち死して朽ちず。」
　　　　　佐藤一斉（江戸末期の儒学者）

はじめに

　私がコマツの技術のトップであった時代は世界中で建機の排ガス規制が強化される状況であったがその対応だけでは面白くないということで「ダントツ」の製品を作ろう、と進めた時代でもあった。

　エリック・ラーセンによる「ダントツになりたいなら」（飛鳥新社）にダントツになるための先駆者の言葉が集められているのでそれらのいくつかを紹介する。それらにより私の言うコマツのダントツが何を意味しているか理解してもらえると思う。後述する創造的な問題解決である。

ロバート・フロスト（詩人）

　　　　　森の中で道が二股に分かれていた。
　　　　　私は人があまり通らない道を選んだ。
　　　　　そのことが大きな違いを産んだ。

モハメド・アリ（世界チャンピオンとなったプロボクサー）

　　　　　不可能という言葉は自らの力で道を切り拓くことを
　　　　　拒否した臆病者の言葉だ。不可能は事実ではない。
　　　　　先入観だ。不可能は誰かが決めつけることではない。
　　　　　不可能は一時的なものだ。不可能は有り得ない。

アブラハム・マズロー（米国の著名な心理学者）

　　　　　自分の能力以下のプランを立てていると、おそらく
　　　　　一生不幸な毎日を送ることだろう。

　ダントツを成し遂げるには矛盾の山を切り崩し未開の道を進まねばならなかった。

そのためにはまずテクノロジーの共通構造を認識しておくことが大事であった。

　つまりテクノロジーは、コンポーネントシステム又はモジュールとして組織されるパーツからなりたっている。その一部は中核となるアッセンブリーを形成し残りは支援する機能を持つ。しかしこれ自身も下位アッセンブリーや下位パーツを持つ。

　当たり前のようだが、この構造ゆえに特定の目的や変更のためにコンポーネント組織を全体から分離できたからこそ個々に改良ができる。つまりテクノロジーは組合せであり個々のテクノロジーは上位アッセンブリーあるいは下位アッセンブリーあるいはコンポーネントで組み合わせられている。

　開発部門の組織は通常このアッセンブリー毎、コンポーネント毎に分かれているのでダントツの組み合わせを開発するには相互の理解と乗り入れが必須なのだ。一つのアッセンブリーやコンポーネントの改良だけではダントツの商品には成りにくい。

　また種々の矛盾を抱え込むことになりかねず袋小路に入り込むことになる。

　そこで、私の経験から一つ見てみたいと思う。次頁の写真は私がコマツに入社して工場実習（旋盤6ヶ月、組立3ヶ月、工場管理等2ヶ月）を終え配属前の3月に営業サービス実習ということで北海道支社に行った時の写真である。もう50年以上前のことだが支社のストックヤードでブルドーザーで雪かきをしているところである。（勿論大型特殊の免許も実習中に取得している。）

　なぜこの写真を出したかというと、この車両の外観上の特性を見てもらいたいからだ。

1．実際に仕事（ここでは雪かき）をするのは車体の先についているブレードである。

2．しかしオペレーターからはラジエーターやエンジンが収まっている前方のボンネットによりブレードへの視界が遮られ、オペレーター

　は立ち上がってブレードの先を見つめるか経験から判断して作業を
　する。
3．大型の場合は作業をする相手が岩石など大きいのでそれ程繊細な作
　業を必要とされるわけではないが中型、小型のブルドーザーでは作
　業性のためにブレードを含めての前方視界は必須と考えられる。し
　かしいい答えがそれまで浮かばなかった。少しでも前方フード（ボ
　ンネット）を小さくすることぐらいであった。

<　　参考写真　　1　>

「ダントツ製品を作ろう」のイノベーション作法
①小型ブルドーザーでダントツの前方視界性のためには？②前方フード
を小さくする③ラジエーターの大きさが妨げている④ラジエーターを車
体の後ろに移動したら？⑤そうするとラジエーターを冷却する⑥エンジ
ンについているプーリーで駆動されるファンも移動せねば。⑦それは無
理だ。矛盾する。⑧そうだ、ファンとエンジンを分離すれば？⑨油圧駆
動ファンだ！

　ダントツプロジェクトでこれを取り上げた。前方視界性の向上は作業
性の大幅改善に寄与し現行機や競合機に対して大幅な優位性がだせるま
さにダントツ商品になると。
　前方視界を徹底して良くする、それによって操作性を良くするために
は前方のボンネットを小さくせねばならないがそうするとそこにあるエ
ンジン、エンジンの前にあるラジエーターとファンをどうにかしなけれ

ばならない。後述する TRIZ の矛盾マトリクス表で考えると「分離、分割」「非対称」「別次元－立体的に変える、多面的に考える」「機械システムの代替え」「除去再生」などの発明原理が示されている。

　結果としてできたのが参考図 1 に示すものでその成果は参考図 2 となった。ラジエーターとファンを後方に移動させるための技術として油圧駆動ファンモーター（今まではエンジンに直結するプーリーとベルトで駆動されていてエンジンから離すことができなかった）を開発しボンネットの全面面積をかなり縮小化でき、また機械式のトランスミッションから油圧式のトランスミッションに変えることでエンジンとトランスミッションの長手方向の短縮化も可能としボンネットの長手方向の長さも縮小化できたのである。

　ラジエーターとエンジンを分離するために油圧駆動ファンという技術がそれを可能とし更に機械式トランスミッションに代わる油圧式トランスミッション (HST) もそれを可能にしたのである。結果として市場で好評を呼びシェアが上昇した。

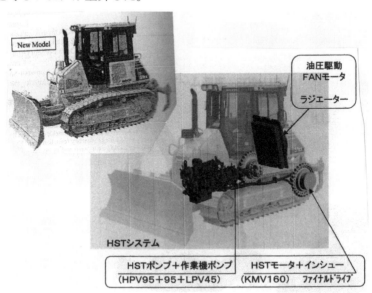

<　参考図　1　＞

Unrivaled blade visibility

<　　参考図　2　>

　このようなささやかな経験をしてきたが、今や世界中で 21 世紀の時代に必要とされるスキルが提唱されている。21 世紀はイノベーションの世紀ととらえられ、思考方法として問題解決力、その結果生み出されるであろうイノベーションが強調されている。

　一方で、気がかりなのは、日本のイノベーション力だ。

　WIPO（世界知的所有権機関）が世界のイノベーション能力を分析してランキングを表示しているが２０２０年９月に発表された時点で日本は 16 位である。アジア地域でも、シンガポール、韓国、香港、中国よりも下位である要因は「教育と投資の面でイノベーションの促進に関して後れを取っている」ことと指摘している。

　日本の関連する皆さんの一助になればと思い今迄の私の経験、方法に関する探究の結果をまとめてみた。

第 12 章　設計問題に特化した TRIZ　191

第 13 章　チャレンジするジャングル（イノベーションの世界）　201

第 14 章　北極星　209

I．問題解決の作法

問題を解くことは、水泳や、スキーや、ピアノ弾奏と同じように実技である：あなた方は模倣と実習によってのみ学習できるのである。
　あなた方は泳ぎを覚えたければ水の中に入らねばならないだろう。同様に、あなた方が問題の解ける人になりたいと思うならば、いくつもの問題を解いてみなければならないのだ。
　　　　　　　　　Ｇ．ポリア

事に臨むに３つの難きあり。能く見る、一なり。

能く見て行う、二なり。

当に行うべくんば、必ず果決す、三なり。

──────宋名臣言行録

第 1 章
問題とは何か？

1．問題とは？

　ゴール（つまり、目標あるいは結果）が達成されねばならず、ゴールに到達する手順が明確となっていないとき、「問題」が存在する。問題とは一般的に言えば「人が解決を必要と考える未知の事項について、その到達点を探そうと思う対象である。」到達点（ゴール）を基準とすれば「問題とは望むゴールとは異なる現時点での状況である。」ということになる。最初の文は手順について、第２の文は到達点（ゴール）について、第３の文は初期状態について着目したものである。いずれにしても、問題は抽象的な形では存在しえず常に具体性を持つ。しかもオーナーシップ（自分の問題だから解決しようという思い）がなければその人にとってあるいはその組織にとって問題は存在しない。

　一番単純な図式は　次のようになる。

初期状態────────────────＞ゴール

手順

＜　図　1　＞

具体的な問題を考えてみよう。先ずはパズル問題である。

例1：「ハノイの塔」の問題

　3本の柱と、中央に柱を通せる穴を持つ3つの異なる大きさの円盤があり、図2にあるように初期状態からゴール状態になるように円盤を動かせ。但し手順に以下のような制約条件が付されている。

　1．一度に一つの円盤しか動かせない

　2．（重なった）円盤の一番上のものを、カラの柱に入れるか、または他の柱の円盤の重なりの上に載せることしか許されない

　3．より小さな円盤の上にはより大きな円盤は載せられない

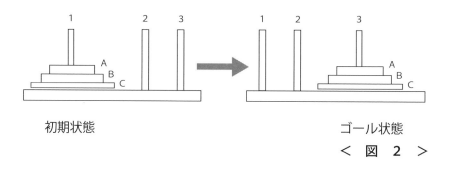

初期状態　　　　　　　　　　　　　　　　ゴール状態

＜　図　２　＞

　この問題の構造を見ると、初期状態、ゴール、手順（円盤を動かす）と手順に対する制約条件が示されている。

　次に算数の問題を見てみよう。英語の人名からなる、いわゆる覆面算である。

例2：「覆面算」

　以下の足し算が成立するように、各文字各々に0から9までの数字を当てはめよ。但しD=5である。

DONALD
+ GERALD
――――――――
ROBERT

<　図　３　>

　初期状態は図3の式であり、ゴールはこの式を満たす英文字それぞれの5を除く0から9までの数字となる。手順は算数の足し算の決まりであり、制約条件でもある。例1：「ハノイの塔」と異なるところはゴール状態は示されておらず解決者が決定することを要求されている。(S.H. サイモンの Human problem solving より引用)

　次に幾何学図形の問題を見てみる。

例3：「切頭ピラミッド」の問題

　図4で示す a,b,h を与えられた切頭ピラミッド（四角錐台）の体積 V を求めよ。

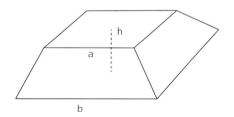

<　図　４　>

　この問題もゴールは明示されていない。a,b,h　が与えられている四角錐台が初期状態で、ゴールはこの四角錐台の体積 V を a,b,h だけで表現することだ。手順は体積の計算の概念を適用することとなる。

例4：「水桶の問題」

　3つの桶がありそれらはそれぞれA：21リットル、B：127リッ

トル、C：３リットルの容積を持つ。水は十分あり、１００リットルを計量したい。どうするか？

　初期条件は A,B,C それぞれ２１リットル、１２７リットル、３リットルの桶があることであり自由に水は使える。ゴールは B の桶に１００リットルの水を残すことである。手順はこの３つの桶を順次使用することである。

　次の問題は機械力学の問題である。

例５：「油圧ショベルの問題」

　図５にあるように油圧ショベルのキャブは Z 軸に対して一定の角速度 0.3rad/s で回転している。同時に図中の $\theta = 60$ 度、$\ddot{\theta} = 0.2$rad/s の加速度による速度 $\dot{\theta} = 0.6$ rad/s（ともにキャブに対する）でアームとブーム（この２つの角度は９０度）で動くとき掘削する瞬間の点 C の速度と加速度を求めよ。

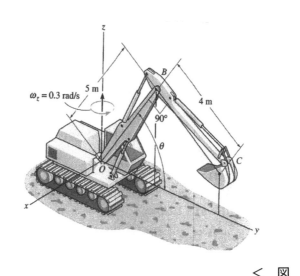

<　図　５　>

　初期条件は図及び数値として示されている。ゴールは機械力学の知識

- 18 -

で算出することを要求されている。手順は機械力学の知識を使用することである。

　例 5 の「油圧ショベルの問題」を考えてみる。図における C 点の速度と加速度（3 次元なのでベクトルつまり、3 方向に要素をもつ）を初期条件から導入せよという問題である。

　先ず問題を具体的にどう理解して自分なりに表現（representation）するか？であるが機械力学での常套手段ではあるが油圧ショベルの外観を構成しているスケルトンを見る、それがこの場合の問題の表現である。それが図のようになる。これを見ると自分のスキーマとの対比で剛体の3 次元での回転・移動の問題でその公式を当てはめることに思い至る。

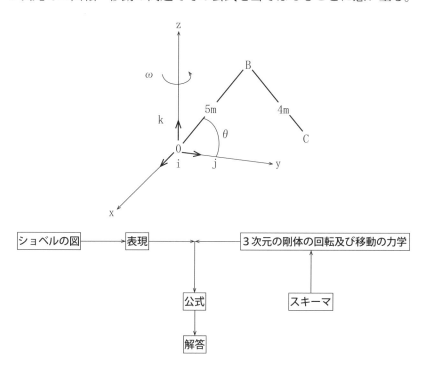

　公式を当てはめる前に大事なことは、まず適用する座標軸を決めることである。そしてそれに対応して公式に数値を入れていく手順となる。

　　結果は　　v ＝（− 1.79i − 1.41j ＋ 3.58k）m/s

$$a = (0.839i - 3.15j + 0.354k)\quad m/s/s$$

なお公式については機械力学の本を参照されたい。

例6：「パンクに遭遇したドライバー」

　人里離れた田園地帯を、一人愛車でドライブしていて、突然タイヤがパンクした。行きかう車はありません。舌打ちして車から降り車の後ろに回りボンネットを開けたところスペアタイヤとナットランナーはあったのだが困ったことにジャッキがないことに気付いた。さあ、どうするか？日常よくある問題である。この問題の構造は、初期状態はパンクして動けなくなっていること。ゴール状態はパンクしたタイヤが交換されてスペアタイヤになっていること。ジャッキがない中で手順を考えることを要求されている。

例7：「海外における子供たちの飢餓の問題に関するニュース」

　テレビをつけたら海外での子供たちの飢餓のニュースについてアナウンサーは大問題だと説明している。この問題どう対処するか？

2．問題の要素

　以上の問題を見てみると例7を除いて問題の構造とその要素に気が付く。つまり問題は以下の4つの要素を持つ構造から出来ている。

1）初期状態　すなわち、解決者が初期時点で有している知識の状態
2）ゴール状態　すなわち解決者が成し遂げたいと思うゴール状態を示す。
　問題によってはこれを明示していないものもある。その場合は解決者が設定せねばならない。あるいは手順の結果として決まる。
　またゴール状態は一つとは限らない。
3）手順と制約条件　手順は初期状態からゴール状態に至るために解決者が使用できるものだ。鉛筆であったり、お金であったり手順を

阻むものが制約条件である。

制約条件を克服して、その手順が明確となりゴールに到達できた状態あるいは構築出来た時が問題解決した状況となる。

4）解決者を囲む環境　解決者の持つリソースであり主としてその知識である。

また問題を自分の問題として取組むオーナーシップも必要である。

図1を拡張して問題解決のプロセスの中での途中の状態つまり、中間状態を考慮してみると以下のような概念図となる。

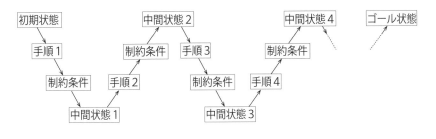

<　図　6　>

つまり基本的には、制約条件を取り込みながら手順を尽くしてゴール状態に近付く中間状態の連鎖を経てゴール状態に到達することを要求しているのが問題である。

しかし、上記の問題例からわかるように初期条件、ゴール、手順、制約条件がはっきり明示されているものと、暗黙の了解として明示されていないもの、不完全にしか述べていないものもある。そこで問題を便宜上2種類に分ける。

3．問題の種類分け

　どちらにしても簡単に適用できる方法はなくだからこそ問題なのだが、問題をその構造要素から2種類に分ける。その理由は解決方法が異なるからである。

　一つは上記の要素のうち初期条件、ゴール、制約条件が明示されているものである。先にしめした例題で言えば「ハノイの塔」の問題がその典型であろうことは容易に理解できる。これを＜構造の理解し易い問題＞と呼ぼう。

　もう一つは「海外における子供たちの飢餓の問題」のように毎日遭遇している問題であり、よく定義されていない、制約条件も明確でないし答えも予測しにくい問題である。またこれを解くためには解決者の問題に対する個人的意見や信念を示すことがしばしば要求されるし、初期状態、ゴール、制約条件などの問題の要素による構造を理解する必要がある。これは＜構造の理解しにくい問題＞である。

　例えば、「海外における子供たちの飢餓」では自分で自分に以下の質問をせねばならない。

　1．本当に事実を知っているか？つまり初期状態はしっかり定義されているか？

　2．自分にとってこの事項がどうあるべきか本当に明確か？つまりキチンと定義されたゴールがあるか？

　3．ゴールを達成するために、規制、規則など解決するために必要な制約や、また解決するためにどのようなリソースが使えるか（それにより手順が決まる）わかっているか？

　4．オーナーシップを持っているか？つまりゴールを達成するために使える時間などがあるか？

　　などを理解する必要がある。

まとめると、

＜構造の理解し易い問題＞

　問題のすべての要素が示されている。つまり明らかなゴール、キチンと定められた初期状態、適用される制約条件も明らかで満足できる正しい答えを持つ。

＜構造の理解しにくい問題＞

1．問題の要素のいくつかは知らされていないか、または、未知という構造

2．大まかあるいは曖昧なゴール

3．記述されていない制約条件を持つ

4．複数の解、従い複数の答えへの手順、あるいは解がない可能性を持つ

5．解を評価するにあたって多くの基準がある

6．解答者は問題に対する自分の意見を表明することになる

7．解答者は問題に対する自分の解に対し正当化防御を必要とする

<＜　表　1　＞>

A＜構造の理解し易い問題＞とB＜構造の理解しにくい問題＞との比較表
問題の性質の比較

項　目	A	B
問題の記述・説明の要素	・明示されたゴール状態 ・キチンと定義された初期状態 ・最終の答えは常に正しい	・曖昧な幾つかのゴール状態 ・不完全　不正確な情報 ・内容に基付く概念、ルール、原則が整合されていない ・いくつかの解答と解答への道筋 ・あるいは、答えが無い ・妥当な解答でも、満点で誰からも受け入れられるということは、少ない

補足）設計問題について

　設計問題を構造の理解しにくい問題と記したが、もう少し説明しておく。

単純なラップジョイント（重ね継手）で以下の 2 つの問題を考えてみる。

問題 1 ：材質 A の 2 枚の鋼板（板厚 t mm、巾 w mm）を図のように重ねた継手に、B ニュートンの負荷がかかるとき、これを材質 C のボルト 1 本で対応するとしてボルトのサイズを定めよ。

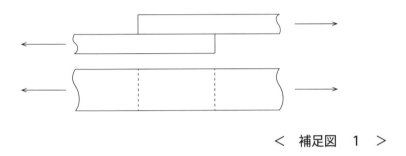

<　補足図　1　>

問題 2 ：材質 A の 2 枚の鋼板（板厚 t mm、巾 w mm）の重ね継手で B ニュートンの引っ張り負荷に対応する重ね継手を設計せよ。

　問題 1 は構造の理解しやすい問題である。初期条件も明確であり手順は材料力学の公式を適用してボルトサイズを決定すれば良い。答えは一つであるし一つしかない。

　対して設計問題である問題 2 では継手としては問題 1 のようにボルトで構成するほかに、以下の補足図 2 に示すように溶接で構成するか、リベットで構成するか、接着剤で対応するかなどいろいろ選択肢が考えられる。どれにするかは、問題に述べられていない項目による。つまり、この問題はそういう意味で構造が理解しにくい問題であり、更に自問せねばならない。この継手は時々分解する必要があるのか？高温の環境に

さらされるのか？どんな工具等を使用できるのか？などなどである。

　問題2には幾つかの満足できる答えがありうるし（溶接あるいはリベットなど）またどれが最適な答えかもあまり明確とならない。これが設計問題の性質であり構造の理解しにくい問題の本質である。

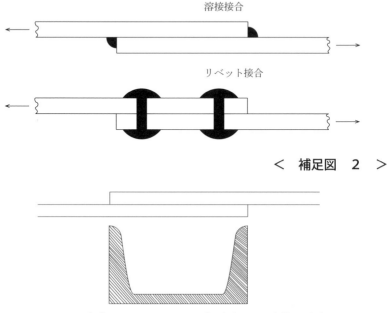

溶接接合

リベット接合

<　補足図　2　>

ラップジョイントにおいて伝達される重荷の分布。

<　補足図　3　>

　ちなみにこのようなラップジョイントでは、補足図3に示すように大部分の荷重は重ね部分の両端において伝達される。従ってボルトであれ、溶接であれ、リベットであれ大差はない。強度は巾により重ね合わせの長さもあまり効かない。
（D.G.Ullman の Mechanical Design Process,McGraw Hill 及び J.E.Gordon の構造の世界―なぜ物体は崩れ落ちないでいられるか　丸善株式会社を参考とした。）

個人とは様々な場所で時間をかけて進化していく高次元のシステムである。

－ペーター・モレナール

第2章
問題の解決の基礎

問題解決に対して大きく分けて以下の2つの方法がある。

1．与えられた条件に規則を適用して解を得る方法
2．過去に解決した問題のうち類似したものの解決の仕方や解を変形することにより解を得る方法

しかし、私たちが新規の問題に対して柔軟に対応できるのは過去の経験を活かす能力に負うところが大きい。

1．問題解決の基礎（問題解決における過去の経験の意味）

私達は日常の生活において過去の経験の光明の中で現在の意味を探索している。未来や現在を理解するのに他に手段はないと言ってよいのである。しかし一方で人生は複雑で明日は昨日と同じであるという保証もないという現実も事実である。つまり、過去の経験は助けともなるが障害ともなるのであるが、つねに、先ずは過去の知識を参照する、せねばならないのである。

人がある事を理解するとは、すでに頭の中にある記憶した知識の集合（スキーマと呼ばれる、平易に言えば事例集）を想起し活性化してこれを使用して理解することである。人間の記憶は入ってくる情報をそのまま記憶しているのではなく過去に蓄積された知識を使いそれにあてはめ

ながら入ってきた情報の意味を解釈し、それによって知識を再構成して
また記憶する。その再構成のための知識が、スキーマである。人が何か
を理解したり思考するためには、すでに頭の中に形成された知識（スキー
マ）が必要なのだ。

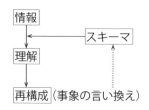

＜　図　7　＞

　問題の解決や課題においても過去の経験の光の中で新しい状況を考え
ねばならない。ほかに選択肢はあろうか？
　なので、重要なのは、「如何に適切な経験を記憶から取り出すか？」
ということになる。
　だから解決者は過去の経験によって導かれるアプローチを探索するこ
とから始める。大概の場合、過去の経験は本当に問題解決において役に
立つものである。
　1．与えられた問題の特徴を抽出する
　2．与えられた問題と類似した事例をスキーマ（事例集）から検索する
　3．当てられた問題を事例を参考に「表現」する
　4．その「表現」した問題から解を見つける
　5．解決した問題と解を再利用のためにスキーマ（事例集）に入れる
　これが一般的な問題解決の基本プロセスと考えて良い。図式化すると
次の図8のようになる。

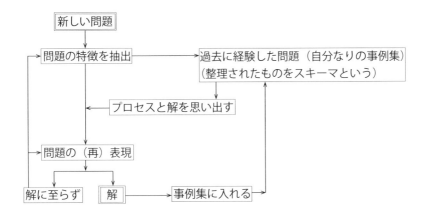

<　図　8　>

　しかし問題解決や課題の対応においても過去の経験は必然的に誤解の基でもある。バイアスを与えることがあるのである。その場合は、経験によりたてられた最初の問題の表現では問題の解決が行き詰まる。答えは見つからない。つまり上図8で解に至らず問題の再表現を繰り返すのである。眠っていた関連する知識要素を活性化し、問題の表現を変え（問題の再表現）―これは問題の自分なりの解釈、再解釈―て、行き詰まりを解消して答えに至らねばならない。

2．問題の表現（problem　representation）

　問題の表現は問題のある一方からの見方であり、解くためのアプローチであることは図8からわかるであろう。問題の表現、つまり、問題をどのように理解して記述するかによって、問題は難しくも優しくもなる。難しい問題もその表現を変えることによって単純化できるのである。ある意味発想術だ。エキスパートはその点に優れていてだからこそエキスパートなのである。もちろんのことだが、「表現」は問題の要素を全て含んでいなければならない。

また「表現」は問題を理解して、新しい状況「問題の再記述」とも言ってよい。問題を解決しやすく「変形」する、「置き換える」ことを基本としていてそのためにスキーマの適用が必要となる。

　　１．視点を変える、逆向きに考えてみる

　　２．極端な場合に置き換えてみる

　　３．単純化した問題に置き換える

などは数学、科学、技術でよく言われることだがこれも「表現」の技術の範疇だ。

　第１章の問題例を取り上げてみる。切頭ピラミッドの問題である。再記述すると

＜例３「切頭ピラミッド」の問題＞

　図４に示す a,b,h で与えられた切頭ピラミッドの体積 V を求めよ。

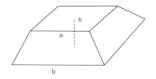

<　図　４　>再掲

　この問題を「表現」する時、勿論、錐体の体積の知識を必要とするが、一つの表現は以下の図のように、一つの直方体と４つの三角柱、４つの四角錐に分解することである。

　　直方体は　体積＝ a × a × h

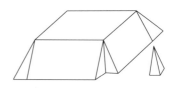

　　三角柱は　体積＝ 4 ×｛(b-a)h/2/2 × a｝

- 30 -

四角錐は　体積＝ 4 × {(b-a) /2 × (b-a)/2 × h/3}

でこれらを合算すると　 V ＝ h （a × a ＋ a × b ＋ b × b) /3 となる。

　一方でこの切頭ピラミッドが図のように切頭ピラミッドを含む大きな四角錐から切頭ピラミッドの上に乗る小さな四角錐を除いたものと表現することもできる。ただし、小さな四角錐の高さを相似則で計算することが追加される。いずれにしても同じ答えになるのは言うまでもない。

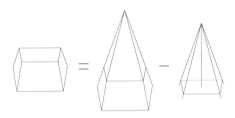

　もう一つ、「表現」によって解決策が変わる「パンクに遭遇したドライバー」の問題を考えてみる。

＜例 6 「パンクに遭遇したドライバー」の問題＞

　「人里離れた田園地帯を一人愛車でドライブしていて、突然タイヤがパンクしました。行きかう車はありません。舌打ちして車から降り、車の後ろに回りボンネットを開けたところスペアタイヤとナットランナーはあったのだが困ったことにジャッキがないことに気付いた。さあ、どうするか？」

　タイヤをスペアタイヤに交換しようとしたが（そのためにはパンクしたタイヤ側をもちあげねばならない）が肝心の持ち上げるジャッキが無い。そこで、あるドライバーは、問題を「ジャッキを手に入れる」と「表

現」した。そして 2km 後ろに古びたガソリンスタンドがあることを思い出して歩いて戻った。

　また、他のドライバーは、このような状況で問題を「パンクしたタイヤ側を持ち上げる」と「表現」した。見渡したところ道の横の小屋に滑車が見えた（草の塊を持ち上げて車の荷台に乗せるためのもの）のでそこまで押していき持ち上げた。

　更に、ほかのドライバーは、問題を「だれかに助けてもらう」と「表現」した。しかし行き交う車はない。そこで、スマホが通じることを確認して JAF に連絡して来てもらった。

　かように 3 つの異なる問題の「表現」でこれらの異なる「表現」に対応する 3 つの異なる解決案となった。

　表現は問題をどのように記述するか、あるいは、言い換えるか、ということが上記の例題で理解できたと思う。複雑な問題でも種々の異なった表現が有益な情報を自覚させてくれて、これらの情報をもとに、さらに新しい表現を構築できる。だから、候補となる表現を作り、その有用性、効果を吟味して、更に新しい「表現」に変えていくというサイクルを重ねていくこと、つまりたくさんの「表現」を構築することが重要となる。再度言えば「表現」のための必要な情報は（これを問題空間と呼ぶこともある）

　　1．ゴール、あるいは、問題解決の努力による成果物
　　2．手順、と対象物
　　3．問題を解くのに適切な知識
　　4．問題に設定されている制約条件

　しかし、行き詰まった時に、どのようにして問題の表現を変えることができるのだろうか？

　問題の表現は次の 2 つのプロセスで変更できる可能性があることが指摘されている。

１）想定する問題の中の制約条件を緩和してみる

　手馴れた問題なら関係する制約条件はすぐに判断できるだろうが慣れていない問題では制約条件の分別は結構難しい。こういう時は思い切って制約を次の順序で外してみるとよい。

　＊問題に適用される制約を確定する

　＊その制約を、制約される範囲でランク付けする

　＊問題を解決するために緩和を要する制約を確定する

　狭い範囲での制約を破ることは広い範囲に及ぶ制約を破ることより容易だし、少ない制約数を破ることは多数の制約を破ることより容易だ。

　以下の２つの例題を検討してみると制約条件の緩和の意味が納得できると思う。

＜例８：「６本のマッチ棒」＞

　６本のマッチ棒で同じ大きさの正３角形を４つ作りなさい。

＜例９：「マッチ棒での計算式」＞

　以下の５つの計算式が棒を一本だけ動かして正しくなるようにせよ。

$$V = VII + I , IV = III + III , I = II + II , IV = III - I , XI = III + III$$

２）想定している過去の知識を分解する

　頭の中にある過去の知識が使えないときこの知識の塊（チャンク）を細かく分解して適用できる部分を探してみる。

　＊どのチャンクが固く結びついているか確定

　＊結びの固さでそれらをランク付け

　＊答えを見つけるために関連しているチャンクのどれを分解したらよいか決める

　そうすると図９は次のようになる。

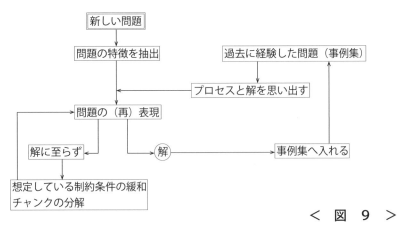

< 図 9 >

注記）スキーマとチャンク、チャンキングはコラムを参照

3．問題を解くためには知識の構造化が大切
（構造化のためのコンセプトとカテゴリー）

　くどいようであるが、問題を解くときに頭に置かねばならないことが３つある。一つはその該当する問題領域の知識であり、２つ目は解答プロセスの知識、そして３つ目は解答に対して正しい解答に至ることを妨げる心の動きから来る「認知バイアス」である。バイアスについては別途後述する。

　基本である、過去の知識によるスキーマによる解法で知識の重要性を強調した。例えば、ポリアの「いかにして問題を解くか」を読んですぐにバリバリと数学の問題を解けるわけでないことは、私自身が経験している。スキーマとなる知識の記憶の在庫が少なければ解決が難しいことはプロセスを理解した後では納得できるのではないかと思う。ポリアも解いた後、後を振り返って、種々の検討、反省を加えて体系化しておきなさい、と述べている。エキスパートは知識の構造化が上手であることがわかっている。

　知識の整理、体系化にはコンセプトとカテゴリー構造化を考える。

　構造化は物事をその背景を含めて整理することだ。つまり、物事の領域を定める全体を定義したうえで「構成要素」と『各構成要素間の関係』を整理することだ。

　整理の考え方として以下の２つがある。

　１）全体と部分が包含関係になって階層的な構造になるように分解していく

　２）全体と部分が因果関係になるように分解していく。

　１）により、構造化により漏れやダブりが回避できる。漏れがあることは見落としがあることを意味し、ダブりがあることは重複作業をすることになり無駄となる。いずれにしても正確に把握していないことになる。

　２）により、構造化で見えている問題からそれを引き起こしている見えない原因を調べて根本原因にたどり着くことが容易になる。

　コンセプトは毎日の思考の中心にある。コンセプトはモノや事象の集まりを対象として、いかに物事が関連しているか、あるいはカテゴライズされているかを決定し、私たちの情報の量を圧縮し、学ぶ量、考察する量、記憶する量、認識する量を効率化してくれる。

　というか効率化するための人類が開発した思考方法だ。コンセプトにより新たに遭遇する対象に対応できるのだ。

　カテゴリーは世界の構造を基盤とし種々のコンセプトの関係を表現する。次の例のように階層的構造となる。

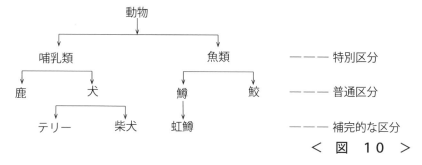

<　図　１０　>

このようにカテゴリーはモノや事象をグループ化し整理するものである。

カテゴリー化（カテゴライズ）はカテゴリーといわれるグループに、モノや事象を分け入れるプロセスをいう。結果として世界の効率的な表現をもたらしてくれるし、新規の対象を迅速に認識できる。

たとえば世の中にはトラックというカテゴリーがあり頭の中にトラックというコンセプトがあるということでコンセプトとカテゴリーの関係がわかると思う。

このような考え方で知識を整理するわけだがこの在庫が多い人がエキスパートとなれる。能くよく読むと、方法論の書物は、結局はいかに物事を整理するかということを言っているように感ずる。ジェームス・ヤングの「アイディアのつくり方」（訳今井茂雄、TBS ブリタニカ）で、シャーロックホームズの推理小説から資料について以下のように記している。「諸君はシャーロックホームズの推理小説の各所に出てくるあの有名なスクラップブックのことを覚えておられるだろうか。そしてこの名探偵がそのスクラップブックの中に自分の書き溜めた個々の半端な資料をさまざまな角度から何度も索引分類して暇つぶしをするあのやり方を思い出だされるにちがいない。」これですよ。これ。

捉えた情報を宣言的知識（キャットは猫である、など）と手続き的知識（プロセスを意味するようなもの）に分別してスキーマ、カテゴリーの形で記憶して蓄積する。そして、問題という状況に対峙したとき、情報を受け入れたプロセスを通して長期記憶の在庫に至りそこから、必要な知識を検出、対応の創出、状況の解決に至る。上達の方法は長期記憶のスキーマ、カテゴリー化がポイントとしてこのための日常的努力が必要なのだ。また、材料力学、構造力学について J.E. ゴードンの「構造の世界－なぜ物体は崩れ落ちないでいられるか」（丸善株式会社）はまさにこの領域での知識を構造化して示しているし、古い本だが、Shearer 他による「Introduction To System Dynamics」（Addison Wesley）は機械、電気、流体、熱についての類似的な構造の見方を説明している。参考になると思う。本来は自分なりのスキーマを作り上げることだと思うがほ

かの人がどうやっているかを見るのも無駄にはならないので、いくつか
いろいろな分野での知識の構造化の論文の例を参考として付しておく。

1．Knowledge structure and problem solving in physics,―F.Reif 他
　　Educational Psychology vol.17,No.2　ニュートン力学を対象とし
　　ている。
　　著者らはカルフォルニア大学バークレー校の教授で、網羅的で参
　　考になる。
2．Abstract Planning and Perceptual Chunks:Elements of Expertise
　　in Geometry.
　　―J.R.Andersen 他　Cognitive Science 14,1990　幾何学の問題を
　　取り上げている。
3．A logical way of solving story problems in physics-M.Praveen 他
　　電気工学関連である

　物体に関してアービング・ビーデルマンは、「我々は物体を、それを
構成する高々３６個のコンポーネント（要素）に分解して認識している」
と提唱した。
（Recognition-by-Components:Theory of Human Image Understanding）
　簡単な例ではコーヒーマグカップはシリンダーとハンドルで構成され
スーツケースは直方体とハンドルでできているとみなすのである。この
論で重要なことは物体を見る角度によって認識が変わらないこと、つま
りゲオンと呼ばれる 36 個の要素をベースにおいてみる限りどの角度か
ら見ても変わらないので物体を効率よく考察できることだ。
　イノベーションの話になって物体を扱うときにこの考え方は役に立
つ。物体の構造とその要素との関連を見る一つの見方なのだ。

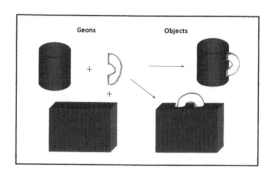

Geons   Objects

< 図 11 >

注）例8「6本のマッチ棒」は平面でとの制約条件を仮定してしまうと
　　むずかしいが立体と考えるように制約条件を緩和するとマッチ6本
　　で立方体を作ることにつながる。
　　例9「マッチ棒での計算式」

$$\mathrm{V} = \mathrm{VII} + \mathrm{I} \quad \rightarrow \quad \mathrm{VI} = \mathrm{VII} - \mathrm{I}$$
$$\mathrm{IV} = \mathrm{III} + \mathrm{III} \quad \rightarrow \quad \mathrm{VI} = \mathrm{III} + \mathrm{III}$$
$$\mathrm{I} = \mathrm{II} + \mathrm{II} \quad \rightarrow \quad \mathrm{I} = \mathrm{III} - \mathrm{II}$$
$$\mathrm{IV} = \mathrm{III} - \mathrm{I} \quad \rightarrow \quad \mathrm{IV} - \mathrm{III} = \mathrm{I}$$
$$\mathrm{XI} = \mathrm{III} + \mathrm{III} \quad \rightarrow \quad \mathrm{VI} = \mathrm{III} + \mathrm{III}$$

コラム：スキーマとチャンク、チャンキング

　記憶には3つのプロセスがある。それは

　符号化＝外部の情報を自分の頭に保存できる形に変換

　貯　蔵＝符号化された情報を脳内部の記憶装置に保存

　検　索＝貯蔵された情報・知識を必要に応じて取り出す

である。

　スキーマは人が情報を理解するうえで重要な役割を果たしている。外界の知覚、言語の使用、思考などの活動を支えるもので、長期記憶の中にある様々な情報を一つのネットワークとして構造化したものである。私たちは物事を理解するときにはそのまま理解するのではなく元々ある脳の知識を活用して理解している。つまり、何かを理解するにはそのことに関連してどのような知識を持っているかが重要だ。また、たとえ内容についてすでに知識があったとしてもそれを正しく活性化（情報をすぐ検索できる状態にすること）が出来なければやはり理解は困難となる。また、同じ情報に対して、活性化する既存の知識が異なれば理解内容（表現）も変わる。

　容量のそれほど大きくないワーキングメモリー（短期記憶）で扱えるように情報・知識を構造化し、圧縮することをチャンキング、その結果物をチャンクと呼ぶ。人の覚えられるチャンクの数は7±2（これをマジカルナンバーとよぶ）と少ない。

　そのチャンクの大きさをチャンクサイズと言い、対象となるものを大きく見ようとすることをチャンク・アップ、小さく見ようとすることをチャンク・ダウンと言う。チャンク・アップによって全体像が、チャンク・ダウンによって細かい部分が見えることになる。行き詰まった時にはチャンクサイズを変えることは、視点を変えることであるので時には有効である。

　スキーマとチャンクの関係はチャンクの形成はスキーマによって方向付けられることである。スキーマを支えている重要なものがコーディン

グで、このコーディングにより要素や特性の集まりをパターン化し、一つのクラスを作ることがチャンキングでその一つのクラスがチャンクというわけだ。

マジカルナンバーがあるので、コーディング能力を高めてチャンクを大きくせねばならない。

以下は「先を読む頭脳」羽生善治他―新潮社による将棋に関するチャンクの例である。

左の図は将棋における実際に出現する手に近いものについて区切りの手順ごとの記憶を調べて図にしたものである。各区切りの盤面を３秒見てもらう形で、その記憶を何人かのトッププロ、アマの有段者、アマの初級者による結果である。トッププロの結果は抜群である。

一方右図は盤面の駒の配置が意味のないランダムなものでの結果である。驚くべきというか、なるほどというべきか、トッププロ、アマの有段者、アマの初級者がほぼ同じ結果を示している。トッププロは意味のある盤面に対してはその意味を理解しその意味に基付いてチャンクとして記憶している。意味のない盤面についてはスキーマによるチャンクを構築できないことを示している。

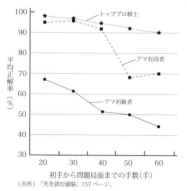

３秒で記憶した局面の平均正解率

（出所）「先を読む頭脳」157 ページ。

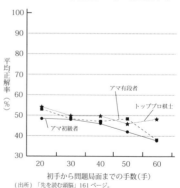

ランダム問題の平均正解率

（出所）「先を読む頭脳」161 ページ。

< 図 12 >

Could you restate the problem?
Could you restate it still differently?
（その問題を言い換えることができますか？もう一度、
さらに異なる風に言い換えることができますか？）
──────── G . ポリア　「いかにして問題をとくか」

第 3 章
問題の解決

　問題解決者は、第 1 章でその概略を示した、「問題理解のプロセス」
と第 2 章で概略を記述した「問題を解くプロセス」を行き来しながら
進めている。「問題理解のプロセス」は問題のテキストから問題を理解
（問題の 4 要素など）し、この理解に基付き「問題を解くプロセス」を
実行する。この 2 つのプロセスは解けるまでサイクリックに行ったり
来たりしつつ続行することを要求されている。

1．問題解決の行為

　問題解決の行為は先述の問題の 4 つの要素を取り扱うことである。
つまり、先ず問題を理解することから始まる。それは問題の 4 つの要素
を明確とすることである。そして、何らかの初期状態からスタートし制
約条件を満たす手順の経路を通りゴール至る道を発見することである。
それには 4 番目の問題領域に関する要素知識や自分なりのオーナーシッ
プ（自覚）が重要なことは論を待たない。
　解決のプロセスは再度示すように、次のような連鎖になり、与えられ
た制約条件のもと初期状態（現時点での状態）と望まれるゴール状態と
の間を連結する中間状態の連鎖を発見するプロセスなのである。再度示

す。

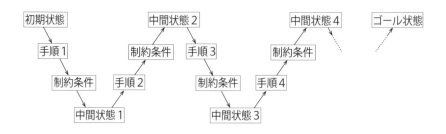

　これは問題空間と呼ばれるが解決者の行為の基本的構成単位となる。
　問題を解くということは、くどいようであるが問題の構造を理解する、
つまり、問題の中のすべての要素あるいは部分を組み合わせてゴール状
態の要件を満足させること、つまり、初期状態での問題の要素を新たに
構築しなおして再構成して中間状態を作りこれらの連鎖でゴール状態に
適合させることで解決するということに他ならない。まとめると以下の
ようになる。

問題	解決案
問題の構造を理解する、つまり要素と部分とその組み合わせを知る	理解をもとに問題の要素、部分をゴールに適合するように組み替える

　そして問題の理解は一つとは限らず、それはある一方からの見方であ
るが解決するためのアプローチであり、これを「表現（representation）」
と呼ぶ（認知心理学では表象と呼ばれるが、本書では一般的な呼び方に
した）。この問題の「表現」―問題を自分なりに理解するすなわち解決
者が意図的に既存の知識と問題をつなげ記述する―において、どのよう
に記述するかで同じ問題も優しくも難しくもなる。また、本来難しい問
題もその表現を変えることで単純化できる。これにはカテゴリー的、構
造的に整理されて記憶されている知識、これをスキーマと呼ぶが、によっ

てヒントが得られる。エキスパートはこの点で優れている人であり、問題を易しく表現することに優れている。

　複雑な問題は異なった「表現」が有益な情報を与えてくれるのでこれらの情報からさらに新たな新しい「表現」を構成することができる。候補となる「表現」を構築しその有用性、効果を吟味し新しい「表現」に変えていきゴール状態に近付いていく。つまり、「表現」の再構成による連鎖は「中間状態」の連鎖でもある。表現は問題解決者なりの問題理解の連鎖を示すことになる。以下の図13のようになろう。

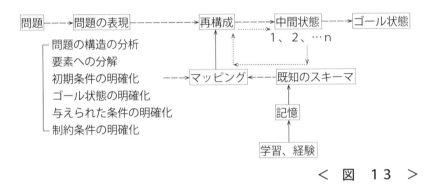

< 図 13 >

２．類推（アナロジー）という方法

　この既知のスキーマの適用の一つの典型例に類推（アナロジー）という探索方法がある。これを鈴木宏昭の「類似と思考」（ちくま学芸文庫２０２０改訂版）を参照して説明する。物事を理解するときに先述の構造分析ということに触れたが、一方で世界や知識を考えるとき「対象」「属性」「関係」という３つの項目で表現することができる。「対象」はモノであっても出来事であってもよいし抽象的な概念でも良い。

　「属性」は「対象」の性質であり形、色、大きさなどで、この「属性」は特定の値を持っている。ミカンは色という属性について黄色という値を持っているように。「関係」は対象同士を結び付ける役割を持っている。

結び付けられる対象はその関係の中での役割を持つ。関係と関係が結び付き複雑化したものが構造である。これで構造分析と結びついた。物事をこの３つで見るのである。ある状況ともう一つの状況が類似しているというとき、この「対象」「属性」そして「関係」という３つの項目での類似のレベルを見るべきだということである。類似をベースに探索することを類推（アナロジー）という。

　類推では知りたいこと、まだよく知らないことを「ターゲット」、既によく知っていることを「ソース」という。「マッピング」は「ソース」の要素を「ターゲット」の要素に対応付けることを意味する。このマッピングによりターゲットについて今まで知らなかった事柄、気付かなかった事柄について何らかの推測や仮説を得ることが目的なのだ。

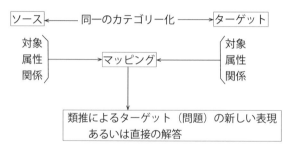

< 　図　　１４　>

　この図からわかるようにターゲットに類似しているソースを探し出してそのソースに含まれる情報を「対象」「属性」「関係」で区分し、対比（マッピング）する。

　これによりソースがもたらす知識や、解決法を応用することができるのが狙いである。

　しかし、どうやってソースを探し出すのだろうか？マッピングの時にはターゲットとソースでの同一性が必要である。類推のマッピングは２つの異なる事柄の間で行わなければいけないので同一性を矛盾なくこのメカニズムに導入するには、そもそも異なった事柄を解答者の立場とし

て同一化するために、カテゴリー化を前以ってしておかねばならない。カテゴリーは複数の事柄の共通点を一つにまとめる言葉、考え方なのでカテゴリー化は対象をあるカテゴリーのメンバーとして認識することで、共通点を持つメンバーとして受け入れることである。メジロ、ツバメ、スズメなどで鳥というカテゴリーを作れるが、ペンギンをそのあまり多くない共通点でもカテゴリー化して同じ鳥と認識するのがその例となる。このカテゴリー化の過程において抽象化された本質的な部分での一致が明確となると同時に本質的でない部分は捨てるのである。

　まとめると、2つの事柄の間でマッピングが可能となるためには同一性が前提となる。しかしながら類推において通常はソースとターゲットは同一性を満たさない。そこで、カテゴリー化によってソースとターゲットが一つのカテゴリーに属するとみなされればそのカテゴリーの中で同一とみなされマッピングが可能となるということになる。

　逆に言うとマッピングが可能となるソースを見つけるには
1．ソースとターゲットを包括するカテゴリーを見つけること
2．ソースとターゲットがそのカテゴリーに属することを確認することが必要になる。

　先に示した問題解決プロセスの図を組み合わせると以下のようになる。

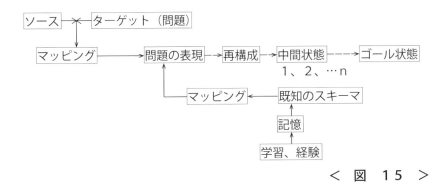

< 　図 　 15 　 >

スキーマや類推が思い浮かばなかった場合は、新たに情報を探索し選別して解答を求めねばならない。

　類推においても、視点を切り替え多様な視点から類似したものを見つける能力を持つことが必要だ。3つの視点で考えよう。

１．特徴一致の視点

　例えば、円盤という形の特徴から、５００円硬貨、ディスク、ピザなどを考える

２．概念、カテゴリーの一致の視点

　ダチョウは鶏の仲間？

３．構造、システムの一致の視点

　例えば、原子構造は太陽系の構造と似ている？麻雀ゲームはKJ法に似ている？

　目的志向に徹するならば以下のやり方も検討してよいのではと思われる。

　１．ターゲットのゴールと類似なカテゴリーを持つソースを探す

　２．ゴールではなくターゲットのカテゴリーと類似なカテゴリーを持つソースを探す

　３．既存のカテゴリーに基付いて検索されたソースと、ターゲットのそれとの対応の不完全なのを補うために、既存のカテゴリーを拡張する

　まとめると人は世界をカテゴリー、概念で区分して理解している（コラムを参照）。類似性の判断はこのカテゴリー区分あるいは、みずから行うカテゴリー化によってなされる。

　概念は平均的な特徴の集合からなるものを中心として表現されている。だから、新規の対象の分類は、平均的な特徴の集合との対比結果の類似性によって判断される。つまり、その対象がある概念、カテゴリーの平均的な特徴の集合に十分に類似していればその対象はそのカテゴリー、概念の構成員として分類され認識される。

　次の２つの問題は類似性がある例である。

問題１）聡君は本を読み始め、第１日目は２ページ読んだ。面白いの
　　　　で読み続けることにし、前日読んだページ数より毎日２ページ余
　　　　計に読むことにした。20日後には全部で何ページ読むことにな
　　　　るか？

問題２）白い碁石を図のように順次追加して並べていったとき、20番
　　　　目の時の碁石の必要な数はいくらか？

一般式としては、どちらも
$$2＋4＋6＋8＋・・・・・・・・・・・・2n＝2（1＋2＋・・・n）$$
$$＝n（n＋1）$$
となり、20日目迄あるいは、20番目では４２０ページあるいは、
４２０個となる。構造的な類似性で、同じ数列計算の構造となっている。

コラム：物事の言い回しから類似性の構造を見つける

　以下は野内良三「レトリックと認識」NHKブックスによる。

＜類似性＞

　類似性は同一性と差異性の中間に位置し、かなり曖昧な概念である。AはBと完全に同じでないが完全に別とも言えない共有する部分があるということだろう。

＜物事の言い回し＞

　物事の言い方には突き詰めると１）シネクドキ（synecdoche）2)メトニミー（metonymy）３）メタファー（metaphor）の３種類ある。この３つを峻別して言い回しの表現を考察すると類似性や構造が良くわかるので、常に意識して「表現」の展開や類似性の認識に適用することが重要となる。

＜シネクドキ＞

　シネクドキの基本には類似性の原理が働いている。要は特殊化と一般化である。
- 特殊化はX（一般）はY（個）を含意する。例えば、玉子丼の卵は鶏のたまごであり、卵という一般的な概念で個である鳥の卵を意味している。
- 一般化はX（個）がY（一般）を代表している。ご飯はコメの意味だが今では食事一般を意味する。そばでもパスタでもご飯という。安倍内閣の国会答弁で「ご飯論法」と批判されたのは「ご飯は食べたのか？」という質問に「ご飯はたべていません」と回答しているが実はパンを食べている。ご飯という一般の意味を個のコメと故意に解釈して答えている。詭弁である。

＜メトニミー＞

　メトニミーは全体と部分の連結という原理に基付く。つまりその本質は特定の部分に焦点を合わせそれ以外の部分を無視して示す表現だ。つまりあるものとあるものの間の時間的あるいは空間的、また観念的な隣接性（有縁性）を示す表現である。

　部分で全体を表す。タコ焼き、栗羊羹、また入れ物で中身を表す、今夜は鍋にするか、お銚子などや、「きつねうどん」はたこ焼きの例に倣えば「油揚げうどん」だが、油揚げはキツネの好物という伝承から隣接性によりあるいは有縁性により「きつねうどん」となっている。自衛隊の制服組、背広組もこの範疇だ。

機能は3つある。

1. 経済性　作者で作品を表す。シェイクスピアを読むは、シェイクスピアの作品を読むことを効率的に表現している。西陣なども地域の名前で（部分）全体を表現している。
2. 表現性　属性で人を意味する。例えば、横綱、社長など。
3. 婉曲性　夜明けのコーヒーを一緒に飲もう、など。

＜メタファー＞

　XをYとみなす。そして、通常、XとYは結びつかない異質なもの、別のカテゴリー同士である。月見うどん、濡れ落ち葉、粗大ゴミなどが例である。

　メタファーは比喩の一つの隠喩である。比喩の表現には次の3つの要素が関係する。1）喩えられるもの　2）喩えるもの　3）この2つの両者の繋がり（類似性）を説明する根拠である。しかし、この3つが明示的になっているとは限らない。

　喩えの存在を明示する「直喩」と伏せる「メタファー（隠喩）」がある。例えば、「彼女はバラのように美しい」は直喩である。彼女が喩えられるもの、バラが喩えるもので、両者の類似性を説明する根拠が「美

しい」である。メタファー（隠喩）での表現では「彼女はバラだ。」となり、美しいという根拠は示されていない。根拠を捜し当てるのは聞き手にゆだねられている。

　直喩の文においてもメタファー（隠喩）でも人間（彼女）と花（バラ）という異質なカテゴリーの間の類似性（美しい）が記述されている。

　しかし、意味を考えると、直喩はそのまま文として意味が通じる。彼女は「バラのように、つまり、とても美しい」という事実を述べているのであって「バラのように」という喩えは追加情報であり、これが無くても文自体が不成立になることはない。

　しかし、メタファー（隠喩）の表現「彼女はバラだ。」では、喩えがこの文の根幹となっていて、喩えが成立しなければこの文は無意味な文となる。つまり直喩の文と異なり類似性の根拠が示されていないので、メタファー（隠喩）表現の文をみたときにはそこに喩えがあるかないかを見極めねばならない。つまり、「彼女はバラだ。」という文から、美しいと言っているのか、棘があって危険だと言っているのかわからない。根拠が示されていないので多義的な可能性がある。

　類似性を表現の観点からまとめると以下の様になるだろう。

直接的類似性——同一カテゴリー的————————実体的・常識的
（シネクドキに関わる）

間接的類似性——異カテゴリー的——イメージ類似性——感性的・詩的
（メタファーに関わる）
　　　　　　　　　　　　——構造的類似性——概念的・科学的

　直接的類似性はシネクドキに関わる。同じカテゴリー内で常識の範囲内で実体的に似ているとするものである。

　間接的類似性は、常識に反するが、よく考えてみると、あるいは、言われてみると、というような類似性である。イメージ類似性は感覚に訴

える形で似ていることで、例えば、「立てば芍薬、座れば牡丹、歩く姿は百合の花」などである。構造的類似性は「人生は芝居のようなもの」などである。

　メタファーに関連する類似性は上記の間接的類似性であり、主意と媒体の対応（マッピング）は1対1でなければならない。

　メタファーの分類を示しておく。

＜構造的メタファー＞

　ある概念が他の概念に基付いて、メタファーによって構造を与えられている。例えば、議論という概念は戦争という概念を通して語ることがされる。

　　私は彼の議論を打ち負かした

　　君の主張は防御のしようがない

　　彼の指摘は的を得ている

など、戦争という概念を通している。

　私たちの概念の多くは構造的メタファーによっている。

＜方向付けのメタファー＞

　概念同士が相互に関係しあって一つの概念を形にしている。しかもそのほとんどが空間の方向性に関係している。

　　気分は上々だ

　　製品の品質が上がった

　　成績が下がった

など、上はプラスの意味、下はマイナスの意味で

　　気分が良い

　　製品の品質が良くなった

　　成績が悪くなった

の意味である。

＜存在のメタファー＞
　モノでないものをモノとして見立てる。抽象的で捉えにくいものを存在物や内容物として見立てる見方だ。形のないものを具体的なものに変えることによって理解や説明を容易にする。
　インフレを一つの存在物として、我々はインフレと戦わねばならないなど。

3.「ひらめき」による問題解決

　ひらめき (insight) は、「なるほど (Aha!)」とか「わかったぞ (Eureka!)」といわれている。

　問題を考えていて、答えに行き詰まっていたところ、突然頭にひらめいて答えがうかぶことだ。ギリシャの学者アルキメデスの話はよく知られている。今では「アルキメデスの原理」といわれている。当時、王からの依頼で王冠の金の純度を調べる問題に対して、ある日、風呂に入っているとき、ハッと「ひらめいて」嬉しさのあまり裸のままで「わかったぞ（Eureka!)」と叫びながら街を走り回ったという話だ。日本で初のノーベル物理学賞を受賞した湯川秀樹博士も突然ひらめいて、中間子のアイディアに至ったと記している。

　ポアンカレもその著「科学と方法」（岩波文庫）の中で自分のひらめきの経験を説明している。

　ひらめきのプロセスはポアンカレや後述するグレアム・ウオーラスによる（ワラスとも訳されている）「思考の技法」（松本剛史訳、ちくま学芸文庫）の記述をまとめると以下のようになる。

1）はじまりとしての準備期間（preparation）
　ひらめきは、解決すべき問題の行き詰まり (impasse) から始まる。解決者は不満足な答えしか得られず行き詰まりの状態となる。難しい問題になればなるほど行き詰まりになる。今までの考え方や適当と思われない手掛かりに過剰に期待しているからだと思われる。失望したり、ストレスを感じ、やる気を失い、問題を放棄してしまえば「ひらめき」は来ない。

2）問題の再構成を繰り返す孵化期間（incubation）
　既存の知識（スキーマ）と問題を構造的に比較して再構成を行う。

つまり、事態を見る目や考え方を変えてみる。配置換え、組み替えを行う。

次の4つはその手掛かりとなろう。

a）既存の知識　概念　構造の応用

引き出しの中の、既存の知識、概念、構造をポジティブに受け入れて目前の課題に適用する。

例えば、弁護士は既存の法律概念から、最も有利になる対応案を見つける。

おそらく Aha! というでしょう。しかし新しい概念や法律を作るわけではない。

b）類推適用

類推対応は、課題の領域から同じ領域へのマッピングと、全く異なる領域からのマッピングがある。どちらも既存のスキーマを使うのだが、前項の「応用」より、より創造的となる可能性がある。前項の応用はそのままか、その変形によるが、類推は異なる内容、概念に変換するからだ。

c）組み合わせ

2つ以上の概念を組み合わせて一つの新概念にまとめる。類推と異なるのは新しい概念の構造を作ることだ。既存の概念をまとめるだけでなく既存の概念の中の構成している要素を再構成するという意味である。

d）抽象化

例を先に説明する。子供は重さという概念をどう認識していくのか？

まず軽いもの、重くて持ち上がらないものなどの経験を重ねる。いろいろな重さのものを経験して、大きいものが重いというわけでないことも知り、大きさを離れて重さ、重量という概念を知る。これが抽象化である。抽象的に形容するということは、シンボル化、クラス分け、一般化などの前提を作ることになる。既存の形態と

比較して理解するのは a) の言うところの「応用」となるが、抽象化してパターン認識などにより新構造を発見するとか、抽象化で同じ問題空間の離れている事実について統一した新概念にするとか、相反する事項について同時的に考察し新しい概念に至る (Janusian thinking) などに波及させる。要するに 2 つ以上の異なった事項の関係の発見を刺激するのである。プロセスの不要な細部を切り捨てて、単純な関係を発見することにつながるのである。

3）予兆
　なんとなく答えがきそうな予兆がくる。（ウオーラスの本に詳しい説明がある）

4）新しいアイディアの到来 (illumination)
　意識しているときには気付きにくい、あるいは気付けなかった事柄に突然気が付きアイディアに至る。

　ひらめきが生まれる直前と直後で頭の中にある情報や知識の量に大きな変化があるわけでなく、同じ情報や知識がひらめきの瞬間を境にそれまでと異なった意味を持つようになる。つまり、ものの見方や考え方の転換が起こったのだ。これこそが「ひらめき」そのものだとは吉永良正の以下の著作での指摘である。

　「ひらめきはどこからくるのか」吉永良正著（草思社）は次のように言っている。

　「同じ情報がひらめきの瞬間を境にそれまでとは異なった新たな意味を持つことになる。

　これは、取りも直さずものの見方や考え方の転換が起こったと考えられる。

　人間の脳の中での「無意識」な問題の再構成なのだ。数ある、いわゆる発想法はこのひらめきの短縮化を目指すものと言えるが、要は組み替

え、配置替えを目指しているのである。つまり、問題の「表現」の再構成なのだ。」

　問題解決のプロセスに対応させると以下図の様だろう。

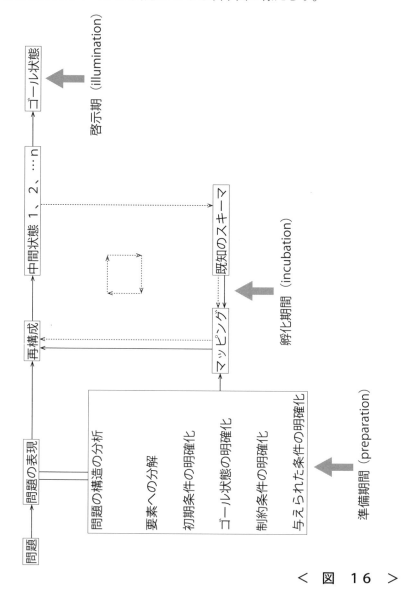

< 図 16 >

付）表現をどう発想するか

　問題解決の重要なカギのひとつは「表現」の良い方法を見つけること
だ。「表現」は問題をどのように記述するか、あるいは、言い換えるか
ということであるがこれ次第で同じ問題が易しくも難しくもなる。複雑
な問題でも異なった「表現」が有益な情報を自覚させてくれるのでこれ
らの情報をもとにさらなる新しい「表現」を構築できる。だから、候補
となる表現を作りその有用性、効果を吟味して、更に新しい「表現」に
変えていくということを重ねゴールに近付いていける。つまり、できる
だけたくさんの「表現」を構築することが重要なことである。
　「表現」のための、必要な情報は
　1．ゴール、あるいは、問題解決の努力による結果物（与えられる場
　　　合もあるが）
　2．手順、対象物
　3．問題を解くのに必要な適切な知識
　4．問題に設けられている制約条件
「表現」はカテゴリーとカテゴリーに属するメンバーに分けて整理し
ておくとよい。
　第 1 章の例題で考えてみる。
　パンクに遭遇したドライバーの問題を取り上げてみよう。初期状態は
パンクとなりタイヤをスペアに交換しようと（それにはパンクしたタイ
ヤ側を持ち上げねばならない）したのだが持ち上げるジャッキがないと
いうことだ。そこで、あるドライバーは端的に問題を「ジャッキを手に
いれる」と「表現」した。そして 2 キロ前にガソリンスタンドがあっ
たことを思い出し歩いて戻ることとし、ジャッキを手にいれた。
　またほかのドライバーはこのような状況で問題を「車のパンクしたタ
イヤ側を持ち上げる」と「表現」した。そこで見まわしたら道の横の小
屋に滑車が見えたのでそこまで押して行って持ち上げたのだ。さらにほ

かのドライバーは問題を「誰かに助けてもらう」と「表現」した。そして、スマホが通じることを確認してJAFに連絡したのだ。3つの「表現」が提案されて解決案は各々の表現に対応するものとなったことが理解できる。

　また切頭ピラミッドの問題の場合は問題の表現として問題の構造の理解として2つの四角錐からなるものと考えて大きな四角錐から小さな四角錐を取り除けばよいと考えることができる。また、四角錐の構造を図のような直方体と三角柱、三角錐の組み合わせと表現することもできる。

4．問題解法のまとめ

　構造の理解しやすい問題と構造の理解しにくい問題に分けて説明するが、構造の理解しにくい問題も構造の理解しやすい問題の解法をベースにしている。表2は構造の理解しやすい問題の解法プロセスを、表3は構造の理解しにくい問題の解法プロセスを図式化したものである。

1．構造の理解しやすい問題の解法
　1.）この種類でも問題を解く第1歩は問題を理解することである。つまり、問題は何か？問題が提起される背景は何か？どんな領域の問題なのか？ということを自問し、この段階で構造を理解し、要素に分解する。問題の構造分析は問題の全域を定めたうえでその構成要素と構成要素間の関係を整理することを意味する。全体から階層的により低次の要素に分解して全体と要素が包含関係になるような分析と、全体と要素が原因と結果となる因果関係になるように分解していくやり方とがある。包含関係で分解していけば全体を成り立たせる構成要素の量とそれらの特性の違いが判り、因果関係で分解していけば結果である全体に対して影響している原因としての構成要素を把握できる。

（当然、既知の知識もこのように整理しておかねばならない。それで初めてスキーマと呼べる）

　これらによって、ゴールや可能性のある解の基本的な構造、解くための手順などを思い浮かべるのだ。

2.）次にすることは、問題の表現である。これは意図的に既存の知識と問題を関連付けることを意味する。既存の知識は階層的に整理されたスキーマであり、問題の記述をスキーマにマッピングすることである。類推を利用することも検討する。

3.）スキーマや類推が思いうかばない場合はとりあえず試行錯誤、サブ問題への分解などを試みることになる。

4.）最後は見つけた答えを確かめる。答えが正解でなければ再度取り組む。うまくいっても、なぜうまくいったかを解析する。つまり、解答をいろいろな角度からすでに知っている事項との関連を明らかにしたり、解答に用いた方法を振り返り、要点をつかみ、応用できるよう整理する（スキーマの充実化をして次に備える）。

2．構造の理解しにくい問題の解法

　構造の理解しやすい問題の解法をベースに表3に示すものとなる。参考のため比較を表4に示す。またエキスパートとの比較も表5に示す。

＜　表　２　＞　構造の理解し易い問題の解法プロセス

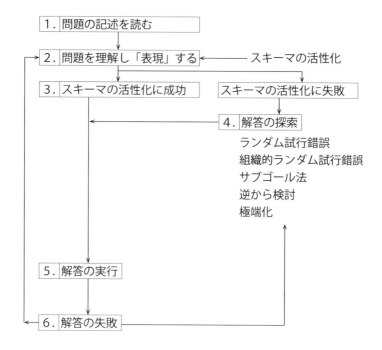

＜　表　3　＞　構造の理解しにくい問題の解法プロセス

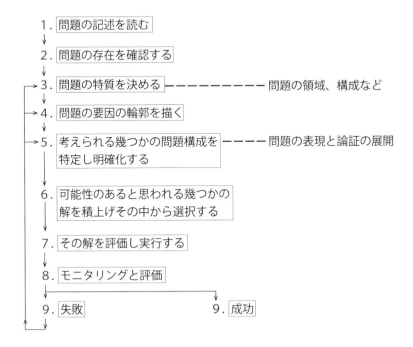

1. 問題の記述を読む
2. 問題の存在を確認する
3. 問題の特質を決める ──────── 問題の領域、構成など
4. 問題の要因の輪郭を描く
5. 考えられる幾つかの問題構成を
   特定し明確化する ──── 問題の表現と論証の展開
6. 可能性のあると思われる幾つかの
   解を積上げその中から選択する
7. その解を評価し実行する
8. モニタリングと評価
9. 失敗　　　　　　　　9. 成功

＜ 表 4 ＞
A ＜構造の理解し易い問題＞と B ＜構造の理解しにくい問題＞の比較表

1．問題の性質

項　目	A	B
問題の記述・説明の要素	・明示されたゴール状態 ・キチンと定義された初期状態 ・最終の答えは常に正しい	・曖昧な幾つかのゴール ・不完全、不正確な情報 ・内容に基付く概念、ルール、原則が整合されていない ・いくつかの解答と解答への道筋又は全く答えがない ・妥当な答えでも満点として誰からも受け入れられるということは少ない

2．解答のプロセス

項　目	A	B
問題の理解、表現	・スキーマの活性化	・本当の問題は何かという情報の探索と本当の問題の記述 ・情報の選択 ・選択したものの妥当化の展開
解答プロセス	・答えを探索	・解答を生成 ・ベストな解答の選択
監視・評価	・答えを実行・評価	・答えを評価し決定する、つまり解答の生成と選択を監視評価し妥当かの論理を展開する

3．解答に必要な要素

項　目	A	B
領域に特有な知識	○	○
構造化された知識	○	○
価値観、対応力、信念		○
議論展開能力		○

＜　表　5　＞　エキスパートとそれ以外の人との比較

エキスパート	エキスパートでない人
知識ベースは大規模	知識のベースは一般的なものでしかも限られている
知識ベースはキチンと整理されている	知識ベースは整理されていない
プロセスを理解している	試行錯誤で問題を解こうとしがち
問題の表現は構造から来る深いもの	問題の表現が皮相的
時間を掛けて問題空間をしっかり検討する	問題空間を解析せずいきなり解答行動に飛び込む
取ったプロセスを振り返り、また答えを何回も種々の観点から評価する	答えが出るとそれでやめてしまう　答えの質の解析、評価を殆どしない

第4章
問題を解いてみる

1．与えられた条件に対して規則を適用して解を得る方法

　問題の解決において2つの方法について言及したが、ここでは、「与えられた条件に対して規則を適用して解を得る方法（rule-based reasoning）を第1章で紹介した問題を使って説明する。いずれも「構造の理解し易い問題」である。

　＜例1：「ハノイの塔」＞は「構造が理解しやすい問題」である。念のため問題を再記述するが与えられた手順と制約条件は以下の様に明確である。

「3本の柱と、中央に柱を通せる穴を持つ3つの異なる大きさの円盤がある。図2にあるように初期状態からゴール状態になるように円盤を動かせ。ただし手順に以下のような制約条件が付されている。

　1．一度に一つの円盤しか動かせない

　2．（重なった）円盤の一番上のものを、カラの柱に入れるか、または他の柱の円盤の重なりの上に載せることしか許されない

　3．より小さな円盤の上にはより大きな円盤は載せることは出来ない」

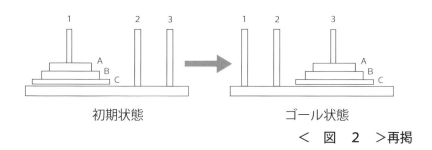

初期状態　　　　　　　　　　　ゴール状態

＜　図　2　＞再掲

これを解く方法を以下に示す。

解法1）単純なランダム試行錯誤（Try & Error）

このような問題に対して通常することは問題の初期状態において許される手順を施してみることだ。特に中間状態が一つか二つで済むように思えるものはゴールに到達できるかもしれない。（後で示すが3手あるいは、5手詰めの詰将棋問題もこの範疇となる。）

手順1は1の柱にある円盤Aを柱2か3に移動させることしか有り得ない。そこで円盤Aを柱3に移動させると、次は円盤Bを柱2に移動させるほかない。そうすると、今度は円盤Aを2の柱に動かして円盤Cを柱3に動かせる。ここまでくると次は円盤Aを柱1に移動させて円盤Bを動かせるようにし柱3の円盤Cの上に乗せる。後は円盤Aを柱3に移動させれば完了である。手順の選択肢が少ないので単純なトライ・アンド・エラーで中間状態を連結して解くことができたのである。

初期状態 → 中間状態1 → 中間状態2 → 中間状態3 → 中間状態4 → 中間状態5 → 中間状態6 → ゴール状態

解法2）組織的試行錯誤

しかし、1）の単純なランダム試行錯誤では、あっちでもない、こっちでもないと循環論法に陥り解決に至らないことがしばしばおこる。その場合は全体のわかる手順の系列を組織的に作ることである。相互に異なるすべての手順の表を作るのである。

ハノイの塔の問題では解法1）で最初の手順で円盤Aを柱3に移動させることをたまたま選んだが、柱2に移動させることを選んだらどうなったかなど考えてると下手をしたら循環論法になりかねない。手順を尽くすと次のような樹形図となる。これは解答に至るすべての手順を示すものである。

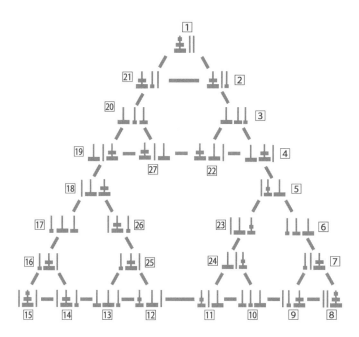

<　図　17　>

解法3）サブゴールを設定する

　問題をサブ問題に分解してサブゴールを設定する。そしてサブゴールに至る手順を探索する。分解の仕方は自分にとって一つ一つのサブゴールへの手順が明らかにできる程度にする。ハノイの塔でゴール前に、必ず円盤Cが柱3に移動できる状況が必要なので図のような状況が必要となる。従いこの図の状態をサブゴールとして設定すると手順が見えてくるのである。

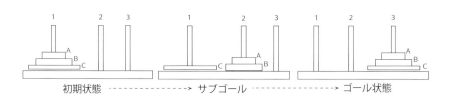

初期状態 --------------> サブゴール --------------> ゴール状態

単純なランダム試行錯誤の問題の例として詰将棋問題を以下に付しておく。

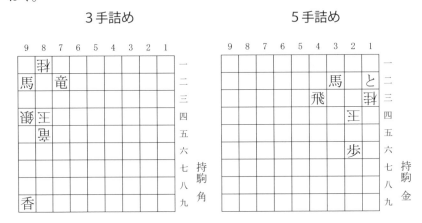

3手詰め　　　　　　　　5手詰め

< 図 　18 　>

　次に第1章の問題例の英語の人名による<例2：覆面算>を検討する。問題は以下の式で表されている足し算が成立するように各英文字の各々に0から9までの数字を当てはめよ。ただし　D＝5（従ってT＝0）とするというものである。

$$
\begin{array}{r}
\text{DONALD} \\
+ \quad \text{GERALD} \\
\hline
\text{ROBERT}
\end{array}
$$

　解法1）の単純なランダム試行錯誤では手順も初期条件も変数が多くて手に負えないだろう。組織的ランダム試行錯誤をするとなると、各文字に対する数字の当てはめの場合の数は8！（8の階乗、つまり、8×7×6×5×4×3×2×1＝40320）となり、大変な努力を要する。コンピューターを使うことになる。サブゴールの設定も難しい。そこでそれ以外の方法が必要だ。

解法 4 ）Means-ends analysis

この方法は現時点での状態（初期状態あるいは、中間状態（サブゴール））とゴール状態の間の距離を短縮化する適当な手順を適用するものである。初期とゴールの状態が比較的明確に特定される問題の場合に有用であるとされる。手順に中間のゴール（サブゴール）を達成しながら最終ゴールへの距離の短縮化を進めて到達する考え方だ。基本的にはＡＩでよくつかわれる手法である。

DONALD ＋ GERALD に適当に数字を当てはめ、ROBERT との差を 0 にするように選んでいくものである。ただし DONALD ＋ GERALD で定めた数字には ROBERT の Ｂ が含まれていないが、Ｂ は残された数字となる。これもコンピューター向きである。

解法 5 ）規則を適用して解を得る

足し算の規則は各位の数字に関して以下の 4 つがある。

$$□＋△＝○$$
$$□＋△＝○＋10　（上の位に繰り上げがある）$$
$$□＋△＋1＝○　　（下の位から繰り上げを受ける）$$
$$□＋△＋1＝○＋10　（下の位から繰り上げを受けて繰り上げる）$$

先ず D ＝ 5、従い T ＝ 0 は与件。10 の位は繰り上げを受ける。（1 の位：D ＋ D ＝ 5 ＋ 5 ＝ 10）

1 万の位は少し変わっていて目をつけたい。O ＋ E ＝ O だから上の 4 つの規則から、E ＝ 0 または E ＝ 9 となる。T ＝ 0 があるので E ＝ 9 である。1 万の位は繰り上がる。10 の位は L ＋ L ＋ 1 ＝ R なので R は奇数。10 万の位は 5 ＋ G ＝ R だから 5 以上の奇数は 7 か 9。E ＝ 9 なので R ＝ 7、また 10 の位は 2L ＋ 1 ＝ R か 2L ＋ 1 ＝ R ＋ 10 で L ＝ 3 または L ＝ 8。しかし、100 の位は 2A ＝ E ＝ 9 とは出来ないので 2A ＋ 1 ＝ 9 でなければならず 10 の位から繰り上げが必要となる。

従い L ＝ 8 でかつ A ＝ 4 となる。残りは 1000 の位。先に解ったように 1 万の位は　繰り上げを受けているので、1000 の位の N ＋ R（＝ 7）＝ B ＋ 10 を満たす残った数字は N ＝ 6、B ＝ 3 となる。 1 万の位は繰り上がると記しておいたがよって G ＋ D(＝ 5) ＋ 1 ＝ R(＝ 7) なので G ＝ 1、残った 1 万の位の O ＝ 2 となる。

　初期状態の式と D ＝ 5、T ＝ 0　から始まり、

E ＝ 9——＞ R ＝ 7——＞ L ＝ 8——＞ A＝4——＞ N ＝ 6 ,B ＝ 3——＞
G ＝ 1——＞ O ＝ 2

という中間状態を経て解決となる。

＜例 10 ：「重い硬貨の問題」＞
（ウィリアム・パウンドストーン「ビル・ゲーツの試験問題」青土社を少々変更した）
「8 個のコインがある。この中に 1 個だけ重いものが入っている。天秤でどのコインが重いのか見つけるとき、天秤を使う最小の回数は何回か？」

　　初期条件　　8 個のコインがありその中に重いものが一つ含まれている
　　ゴ ー ル　　重いコインを見つける
　　制約条件　　天秤しか使えない
　　手　　順　　いろいろな手順が可能であろうが　最小回数とする

　しかし隠されたものがある。天秤は 2 つの皿を持っていてその皿に乗せた、2 つの物の塊、集合を比較するものである故に、塊を 2 分し同じ個数のコインの塊を 2 つの皿に乗せどちらが重いコインを含んでいるかを調べるものという考えにとらわれがちである。しかし天秤は、本来は、課題の塊を 3 つに分け、左の皿が右の皿より重いか、軽いか、または同じかを示してくれるものだ。この知識を知らないとこの問題の正解にはたどり着けない。

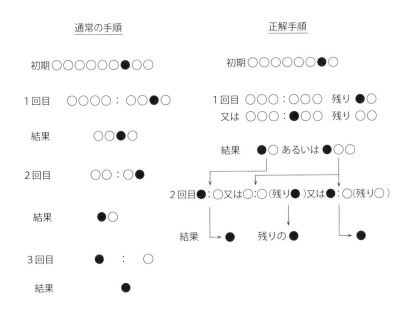

＜　図　19　＞

2．スキーマの活性化による問題の表現での解法

先ず次の問題を検討してみよう。

<例11：「作図の問題」＞

一つの鋭角 UVW とその内部の点 P が与えられたとき、コンパスと直線定木（この領域では定規でなく定木という）を用いて、点 P を通る一つの線分 QR が QP と PR の長さの比が 2：1 となる、Q と R がそれぞれ UV と WV の上にあるようなものを作図せよ。

（ウィケルグレン　「問題をどう解くか」　より）

初期条件は右図の通り

＜　図　20　＞

ゴールは QP：PR ＝ 2：1
手順はコンパスと直線定木の使用、しかしこれは解答者に任せられている
制約条件はコンパスと直線定木のみ用いる
（鉛筆は当然）

　幾何学の問題としてはいわゆる補助線が必要な問題の領域だ。補助線により手順が明確となる問題である。補助線を引くことによる表現は、作図あるいは、図学の手法をまとめて知っている（スキーマ）と比較的容易である。この問題における手法は

　　点 P と頂点 V を結ぶ

　　点 P から線分 UV あるいは WV に垂線をおろす

　　点 P を通る線分 UV あるいは WV に平行線を引く

ぐらいしかない。平行線を引くというスキーマはもちろん似たような問題の経験から直接形成されることもあるかもしれないが、作図（Geometrical Construction）の知識を構造的にまとめておくべきだろう（ちなみに、web にまとめられている）。

　答えは 2 通りあり、一つは点 P を通る WV に平行な直線をひき UV との交点を A とし VA：AQ が 1：2 となる点 Q を定め QP を通る直線と WV との交点を R とする。

　△ QAP と△ QVR は相似なので QP：PR ＝ QA：AV ＝ 2：1 となりゴールが求められこの作図手順が答えとなる。

　もう一つは点 P を通る UV に平行な直線を引きその WV との交点を A として VA：AR を 2：1 とする点 R を定める。以下は先の手順と同じ。

　作図の決まった方法の手順表（スキーマ）からは平行線を引くという方法を問題にマッピングして平行線を引いた図を表現できたわけである。

　先に説明した切頭ピラミッドの問題も立体物の体積の計算式と構造を見極めるというスキーマをマッピングして一つはその構造を切頭ピラミッドを含む大きな四角錐から切頭ピラミッドの上に乗る小さな四角錐

を除いたものと表現し四角錐の体積の計算式を適用した。

　もう一つはその構造を一つの直方体、4 つの三角柱、4 つの四角錐からなると表現して、それぞれ、直方体、三角柱、四角錐の体積の計算式を適用している。

3．類推（アナロジー）による表現

　類推の話となるとほとんどの場合取り上げられる問題から始める。これは 1945 年にダンカーによって提示されたものである。当時に比べ医療技術はかなり進歩しているのでそれを考慮して読まれたい。

＜例 11：「手術の問題」＞
　「ある人が胃の腫瘍を持っており、放射線治療しか手立てがないという医者の見立てが示された。だが、放射線を強くすると腫瘍は治療できるが、放射線が通過する周りの細胞組織を破壊してしまう。どんな手順によって放射線治療でこの患者の腫瘍を治癒、つまり、周りの部分を破壊せずこの腫瘍に十分な放射線を当てることができるのか？
　これに対して以下の 2 つの物語が示される。

1．ある将軍の問題（Gick & Holyoak の Schema induction & analogical transfer,Cognitive Psychology 15,1983 を参照した）
　あるちいさな国は強固な要塞を持つ独裁者に支配されている国で、その要塞はその国の中央部にあり、周りは畑と農村となっている。
　ある正義感の強い将軍はこの要塞を攻略し独裁政権を何とかしたいと考えた。将軍は自分の軍隊がこの要塞を攻略するに十分な戦力を持っていることは理解している。
　将軍は全軍をある要塞に向かう道に集めた。集中して攻める作戦だ。しかしながら敵となる独裁者も考えており、要塞につながる各道全てに地雷を埋めていた。この地雷は人は何とかうまくすり抜けられる。とい

うのは独裁者側の労働者や兵は要塞の外と行き来する必要があったから
だ。

　大きな軍隊は地雷を爆破させてしまう。これでは将軍は攻略できない
と思われたが将軍は考え直し、自分の軍隊をちいさな小隊に分け要塞に
つながる各道の入り口に並べた。そして、命令のもとに各小隊は地雷を
すり抜けていき全隊が要塞の前に集合でき要塞を攻略、独裁者を打倒し
た。

２．有名な消防専門家の問題（同上）

　サウジアラビアの油田が爆発し大規模な火災となった。なかなか鎮火
出来ず、多大な量の石油を毎日浪費する事態となった。何回か鎮火を試
みたがうまくいかず、専門家を招聘した。彼は油田の基地にある多大な
量の消化泡を投入すれば鎮火できることを認識しすぐ入手可能というこ
とも理解した。しかし残念ながら鎮火のために十分な量を素早く投入で
きる十分に大きいホースはなかった。沢山手に入る小さなホースでは充
分な量と速さが不足し鎮火には不十分ということも分かった。が、その
専門家は、この小さなホースを持った多くの消防士で火を囲み、号令の
下、一斉に多量の小さなホースから消化泡を投入し消火し完全に鎮火出
来た。

　この３つのストーリーは類似なものであることに気が付くと思う。構
造的な類似性である。イメージは以下の図のようなものだ。

<　図　２１　>

従い手術の問題も健康な周りの細胞を破壊しない程度の少量の放射線に分けてまわりから合計すると腫瘍を治療できる程の放射量として投射する事が考えられる。

<例 12：「キャンペーンに使われたアナロジーを考える問題」>

政治の世界でも類推（アナロジー）はよく使われてきた。１９９２年ブッシュ米国大統領は、米国民にペルシャ湾への軍事介入を納得させるために、第２次世界大戦を引き合いに出し、イラクのアダム・フセインをヒトラーになぞらえたのはその例である。それでは、フセインがヒトラーならブッシュ大統領は誰に対応するのか？

これは構造の理解しにくい問題である。ドイツと同じ敗戦国であった日本人はどう解答するのか？昭和時代の人と平成時代に育った人で変わるかもしれない。

調査によると英国人のほとんどの人がチャーチルと回答し、米国人の大半がルーズベルトと回答した。

このように同じ類推でも、特に社会の背景によって変わることを知っておくべきだろう。

（Spellman 他：If Saddam is Hitler then who is George Bush? Analogical Mapping between systems of social rules：Journal of Personality and Social Psychology　62.1992）

4．構造の理解しにくい問題

<例１３：「地球温暖化は人類の排出する二酸化炭素によるものか？」>

先ず地球温暖化は本当か確認せねばならない。先ず大気温は確かにここ 10 年以上上昇している。そのため、海水温が上昇している。そのため山火事の多発、強烈な台風、豪雨とそれに伴う洪水被害や崖崩れが最近多発している。また氷河が融け海水面の上昇も観察されている。

IPCC はこれは人類の二酸化炭素の排出によるもの（二酸化炭素によ

る温室効果）としこれを持続すると地球における人類への多大な脅威となると警告している。EUは２０５０年までに実質二酸化炭素の排出量をゼロとする目標を掲げ、中国も２０６０年までに、やはり実質ゼロの排出量とするとしている。日本も菅首相がやはり２０５０年までにそうしたいという目標を掲げた。

　他方F・Singerなどは「地球温暖化は止まらない」（東洋経済新報社）で地球温暖化はIPCCの言うように人類が排出する二酸化炭素の要因ではないと主張している。地球は過去1500±５００年の周期で温暖化と寒冷化を繰り返してきて現在はその温暖化の周期に入っているに過ぎない、人類が排出する二酸化炭素の影響はこれに比べれば非常に小さい、としている。二酸化炭素の削減のための施策が、逆に人類の発展と幸福に禍いすることはあってはならないとの立場だ。

　地球の軌道はだいたい１０万年周期で細長くなっては戻ることを繰り返してきた。これにより地球と太陽の距離が変わる。氷河期には太陽輻射は少なくなっていた。地軸は２３度傾いているがこれも４万１０００年周期で変動している（現在はその周期の真ん中ほど）。

　また、地球は地軸を中心に自転するときにもゆっくり揺らぐ。この歳差運動の周期は２万３０００年。この歳差運動で北極が織姫星に向いているときに最も気候の影響が大きく、冬は厳冬、夏は酷暑となる。

　これらのメカニズムで１５００年±５００の周期で気候が変動してきたのが歴史だという立場である。

　IPPCの立場によれば、二酸化炭素の排出を縮小すれば地球温暖化は止めることができる。

　Singerたちの立場に立てば、温暖化は人類の排出する二酸化炭素は関係なく天文学的な状況により支配されて、止めることは神頼みということになる。

　私としては、要因がどちらだとしても、現在の人類は炭素エネルギーの消費は多大でいずれ枯渇しかねないと危惧している立場である。それ故にもしかして温暖化の防止に寄与しないとしても代替エネルギー（太

陽光、風力発電など）に傾斜すべきと考えるので、IPPCの主張を受け入れて脱炭素を進めるべきだと主張したい。一方、天文学的な理由で地球温暖化が進むとしたら過去の歴史で人類が受け入れてきたものでもあるので生活の工夫と知恵でそれなりの対応をしていかねばならないだろうと考える。

<例14：「日本経済の成長には生産性の向上が必要だ？」>

　2020年2月11日版の週刊エコノミストに「追悼　イノベーションの伝道師　クリステンセン氏逝く」という記事があった。「イノベーションのジレンマ」の著者でハーバード大学ビジネススクールの教授であった人である。「イノベーションのジレンマ」は一世を風靡したがこの記事を書かれた田中道昭立教大学教授は、クリステンセンの書いたもう一つの「イノベーションの解」の著作の中で、「将来を見通すことが困難で何が正しい戦略かが、はっきりしないような状況では、全社を巻き込む形で試行錯誤的に事業を進めていくという創発的戦略策定プロセスを推奨している」として、訃報に接してこのアニマル・スピリットが日本企業に今最も求められていることだと痛感している、と記している。内部留保を積み上げているだけではだめだと言っておられると感じた。

　また、「アベノミクスの6年間での発見」という題目でエコノミストの早川英男氏が「潜在成長率が1％足らずでは高成長が実現しないのは当然だが、その潜在成長率を押し下げているのは高齢化に伴う労働投入量が減少しているからだと考えていたが、現実には高齢者や女性の労働参加率が上昇し労働投入量はむしろ潜在成長率の押し上げに寄与している。潜在成長率を押し下げているのは、経済全体としての全要素生産性(TFP)の上昇率の低下と気付いた」、としている。（次頁の潜在成長の図参照）アベノミクス以前は1.0％強だったものが足元では0.2％迄低下している。アベノミクスの本当の課題は潜在成長率を高める成長戦略だ、としている。菅政権となり成長戦略を進める動きがある。

　新型コロナウイルスの影響はともかく、経済の成長率は頭打ちであり、

その根元に潜在成長率の低迷があることは事実だろう。しかし潜在成長率の中のTFPが低いのは日本に限らず、先進国共通の事態である。それ故にイノベーションによるTFPの底上げが重要で、だからこそ21世紀は「イノベーションの世紀」（正確に言うとイノベーションを必要とする世紀）と期待されているのだ。

　先進諸国共通とも思われる潜在成長率の頭打ちは、各国ともサービス産業がその国の経済の規模の大部分を占めるようになってきたからである（サービス産業は製造業に比し在庫ができないなどの理由で今のところ生産性が低い）。

　従って、答えはサービス産業のTFPの向上のためのイノベーションと新たな第2次産業を創出することとなる。

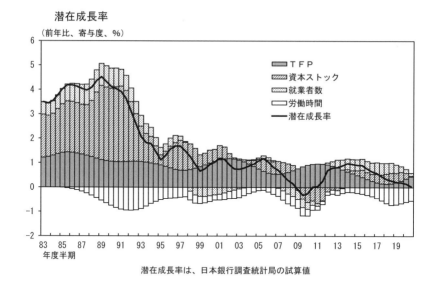

潜在成長率は、日本銀行調査統計局の試算値

<　図　22　>

第 5 章

私たちの考え方は一般的にどういう癖を持っているのか？

　私たちは脳で物事というか与えられた情報を処理している。脳は体重の 2% しか占めないが全代謝の約 20％を消費しているようである。コンピューターが大容量になればなるほど発熱量が膨大となりそのための冷却量が大きくなるのも「むべなるかな」である。

　人類はその歴史のなかで 2 つの思考方法を身につけた。以下は心理学者（ノーベル経済学賞受賞者）のダニエル・カーネマンの「ファースト・アンド・スロー」（ハヤカワ文庫）による。通常は直観・感情（ヒューリスティックと呼ばれます）で考え、足りないと思われるともう一つの思考・熟慮で補うのである。これは、古代の狩猟採集の時代、草原の茂みの中で何かがガサガサ動いたときに、ライオンか豹かなどと考えずに一目散に逃げる思考がヒューリスティックである。ライオンかな？豹かな？などとじっくり考えるのが熟慮思考である。ヒューリスティックで考える人は当然ライオンや豹の餌食になることは少なく生存確率は高くなり、熟慮しているとライオンや豹の餌食になりやすいということで、ヒューリスティック傾向の人の遺伝子が残りやすく、熟慮思考の人の遺伝子は残っても少なくなる道理で、その子孫の私たちはヒューリスティックで多くの問題に対処するのであるが簡便な反面色々な間違い（バイアス）を起こしがちだというわけである。注意しないと、毎日のように思考は捻じ曲げられることが多いのである。このバイアスは自分の意見や信じていることを維持する情報を信じたり探したりする性向によるものである。あるものは明らかにこの傾向を認識できるのだが、あるものは微妙でなかなか気が付きにくいので厄介だ。

1．バイアスの代表例

1）確証バイアス

　人はすでに持っていて自分の信じていることを強固にしてくれる情報に耳を傾けがちである。このバイアスにより、人は前もって持っている自分の信じていることを支持する情報を好む傾向を持つ。

2）アンカリング

　最初に得た情報に固執して、後から得られる情報によって調整することができない。

3）フレイミング

　理性で考えれば解答が影響されるはずがないのだが問題の構成によって影響される。例えば、手術の成功率６６％と医者に言われるのと３４％の失敗率といわれるのとで手術を受け入れるかどうかが左右される。

4）手近の情報を好む

　いろいろな代案やプロセスを検討するよりも手近の情報を好むこと。一番最新の記憶に残る情報を好む。

5）過去の経験の知識により起こしやすい誤り。

2．マインドセット

　与えられた問題に対して過去に得た経験（スキーマ）の成功した方法を基に対応解決しようとするのはよいのだが、他にも可能なのにそれに固執しすぎることだ。

　例えば、第１章の例題４の問題で説明すると、答えは先ずＢからＣへ２杯注ぎ、１２１リットル残るので、更にＡへ２１リットル注げば１００リットル残り答えとなる。記号で言えばＢ－2Ｃ－Ａとなる。

　そこで、次にＡ：15リットル、Ｂ：39リットル、Ｃ：3リットルの桶があるとして18リットルの水を計量せよという問題を与えられた時、多く

の人は、前の経験からB－2C－Aで39－3×2－15＝18として万々歳とするのだがよく考えてみると、もっと簡単にBを空にしてA＋Cでよいのだが前の経験に引きずられている。このようなことがしばしば散見され、これをマインドセット（固まって融通が利かない）という。（注参照）

3．対象物の機能に固執する (functional　fixedness)

　問題を解決するために、その対象物の新しい使い方を妨げる心理的障害を言う。対象物の本来の機能 (function) による使い方に固執（fixedness）して他の用途に応用できないことだ。現場的な問題、あるいは慣習が強い環境等で多くみられる。

　よく出る例は2本の縄の問題で、図のように2本のロープが天井からつるされている。ただし人が簡単に両方を掴める距離にはない。問題は2つのロープを捕らえて結ぶことなのだが、図にあるように椅子の近くにプライヤーがる。答えは片方のロープをプライヤーに結びつけ錘として使い、もう一つのロープをつかんでおいてプライヤーを結んだロープを投げて戻ってきたら捕まえて結ぶことを想定している。しかしながらプライヤーはプライヤーとしてか認識せず、錘として使うことを発想できない人が多い。プライヤーをモノをつかんだり曲げたりする機能のものと言う考えに固執しているので答えが見つけられないのだ。

＜　図　２３　＞

以上のようにこれらは簡便だが偏ったものの見方考え方によるものだ。解決するにあたって自分は常に合理的でかつ論理的だと思いがちなのだが、残念ながら毎日の思考を含めて捻じ曲げられていることが多いし、なかなか自覚できていない。

従い、１）常に白紙に戻って始める

　　　　２）権威を信じない

　　　　３）種々の可能性を探る

　　　　４）多くの情報やデータを探る

ことを忘れないことが必要だ。

注）一般化して $Z = p \cdot A + q \cdot B + r \cdot C$ として

　Zが計量すべき水量、A,B,Cが桶の容量、p,q,rが求める回数（よって整数）と考えると、最初の問題は $Z = 100$、$A = 21$、$B = 127$、$C = 3$ で、整数p,q,rを求める整数による不定式を求める問題となる。不定式だがp,q,rが整数ということから一つの答えとなる。先ず、$q = 1$ は明らかで、よって、$100 = 21p + 127 + 3r$ となり、$21p + 3r = -27$ となるので、$p = -1$　$r = -2$ が容易に見つかる。

　この考えで行くと $18 = 15p + 39q + 3r$ で整数p,q,rを求める問題となるが、当然 $q = 0$ はすぐ思いつくので $18 = 15p + 3r$ で $p = 1$、$r = 1$ がわかる。

注)) Functional Fixedness を避けるために俎上に載っているものを、今想定されている function（機能）を脇においてそのものを要素に分解することは一つの手段だ。対象となっているものを階層的に要素に分解し、その要素の用途を検討して、その要素の用途が想定できるなら更に分解し最終的に材料あるいは形状となるまで分解し続けるのである。こうすることにより、当初の機能にとらわれず本質的に持っている機能を明らかにできるのである。(T.McCaffrey:The Obscure Features Hypothesis In Design Innovation..,International Journal of Design Creativity & Innovation 2014) 例えば蝋燭で考えてみる。

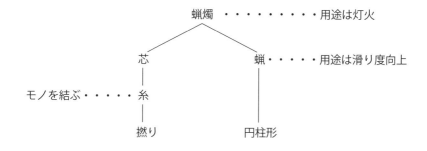

<　図　24　>

　上記例で言えばプライヤーを分解していき鉄という材料まで行けば錘につながりやすい。

追補：手順を考える一般的なプロセス

　図に示したように手順は問題や課題の解決のプロセスを示すが、では、手順を決めていくプロセスはどうなっているのだろう。プロセスのプロセスということである、何やら複雑なことになる。

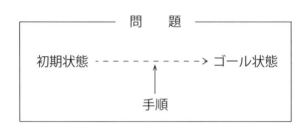

＜　参考図　＞

　しかし、問題解決者は通常幾つかの手順を検討して、そしてその中からただ一つの手順を選択するわけだ。問題解決は、初期状態からゴール状態へつながる幾つかの道筋、行程のつながりを見つけることと考えることができる。

　通常は２つの手順に拠っている。ひとつはその手順を使用した過去の経験からの情報によるものであり、もう一つは直面する問題の文脈、前後関係などから得られる情報によるものである。

　問題解決者は通常過去の経験から最も成功した手順、あるいは文脈上、ゴール状態により近い状態を与える手順を選ぶのである。

　ゴール状態により近い状態を与える手順は「山登り法」「means-ends-method」などである。Means-ends-analysis は山登り法をより複雑で、何回も繰り返して、現状とゴール状態の差を減少させるサブゴールを設定し、そのサブゴールを実現する手順を適用する。

　現実的にはこのふたつの合わせ技で手順を選びながらゴール状態に到

達するのである。ある人は問題の中に示されている直近の情報により注目しゴール状態により近い状態を与える手順に着目し、ある人は過去の経験からゴールを目指す手順をより重視する。

　水桶の問題でしばしばこの差が説明される。問題の例4を再掲使用。

＜水桶の問題：1＞

　3つの桶があり、それらはそれぞれA：21リットル、B：127リットル、C：3リットルの容積を持つ。水は十分あり、100リットルを計量したい。どうするか？

＜解　答＞

　過去の経験がないとして、初期状態は、21、127、3リットル、ゴール状態は100リットルで一番近い127から始めるのが順当だろう。先ず水を127の桶に満杯とする。

　ゴールとの差は27だから21を引くと（つまり127の桶から21の桶に満杯まで注ぐ）127の桶の水は106とゴールに近づく。106を100にするには6を引けばよいがこれは3の2倍だから127の桶に残っている水から3リットルの桶に2回注げば、127の桶に100リットル残る。

　つまり答えはB－2C－Aである。（手順から言えばB－A－2C）過去の経験から整数の不定式ととらえることができた人は

　$Z = pA + qB + rC$ に於いて整数 p, q, r を求めよ、ただし $Z = 100$、$A = 21$、$B = 127$、$C = 3$

という問題と考える。不定式だがすべての変数が整数という条件下ということから答えが見つかる。これはその人のスキーマの活性化によるものである。

　そこで次の問題である。

＜水桶の問題：2＞

　A：15リットル、B：39リットル、C：3リットル、の桶があるとき、

18 リットルの水を計量せよ。

＜解　答＞

　水桶の問題 1 を経験した人は、直ぐに B － 2C － A という知識を思い出し、39 － 2 × 3 － 15 ＝ 18 という回答に至る。過去の経験の適用から答えに到達した。

　しかし、経験のない人は現状の知識で数字をよく睨んだら山登り法や means-ends-analysis で検討するまでもなく A ＋ C という答えに至る。しかし手順を踏めば、初期状態は 15、39、3 でゴール状態は 18 と考えると、ゴール状態に一番近い A の 15 がサブゴールと考えられる、ゴールとサブゴールの差は 3 だから C を取ればゴールとなる。つまり、39 リットルの桶が空として A と C の桶を水で満杯としてそれぞれ B の桶に注げばよいのである。

　従い注意深い両用あるいは使い分けが必須ということになる。

追補２：ランダム試行錯誤－詰将棋の例

　ランダム試行錯誤といっても、コンピュータですべての可能性をしらみつぶしにやるのは一つの方法ではあるがパソコンがスーパーコンピューター並みとなる時代まで待たねばならないだろう。しかし、means-ends-analysis という手法がどちらにしても基本となる。

　図 18 の詰将棋についての例で考えてみる（これらは、月刊誌将棋世界の「あっという間の３手詰」、「実戦に役立つ５手７手詰」を参照させていただいた）。

　初期状態は盤面上の駒の配置と詰める側、則ち、解答者に持ち駒があればそれを含めていると考えられる。詰将棋の場合はゴール状態、つまり詰みあがり状態は示されていない。

　熟練者はゴール状態、つまり、詰みあがりを経験から想定できるようになるかもしれないが余程経験を積まないとなかなか難しいと思われる。

　そこで means-ends-analysis 的な手順を考えるべきだ。初期状態を観察して

　　１：玉がにげられる位置を数える

　　２：玉を守っている駒の位置と数を見る

　　３．盤外で与えられた駒

という情報を整理することから始めよう。

　Means-ends-analysis の考え方からはゴールに近いサブゴールを設定してその差を縮小していくわけだがこの場合はゴール状態は示されていないのでサブゴールを設定しにくい問題である。

　そこで、サブゴールを

　　１．玉の逃げられる位置の数を減らす

　　２．玉を守る駒を減らす

と設定するとよいのではと思われる。

図 18 の問題に具体的に適用してみよう。

　３手詰のこの例では攻め駒がひとつ与えられている。（角である）そして玉は動いて逃げる場所はないが、９－三、８－三、７－三、７－四、７－五、９－五の６か所の場所は玉側の駒で守られている。そして９－五の位置は銀と竜の２つの駒で守られている。

　３手詰の手順としては

　１）まず与えられた角を使って玉又は守り駒を動かし次いで盤上の駒で王手して詰ます

　２）盤上の駒で王手をかけ玉又は守り駒で取らして角で王手をかけ詰ます

ことが考えられる。つまりこの２つの手順しかないはずなのである。

　着目すべきは２つの駒で守られている９－五の場所である。なぜ２つの駒で重複して守っているのか？つまり要はどちらかの守り駒をその位置９－五に動かせば盤上の駒で王手をかけて詰ませられることを意味してないか試行してみる価値があるということに気が付くべきなのだ。香での９－五は王手にならないので角で王手の案が思いつくはずだ。同銀なら８－三馬で、詰み、玉側が同竜なら責め側の７－四竜で詰む。結果としてゴール状態は２通りあり手順も２通りあったことになる。９－五の角打ちがサブゴールとなっている。

　５手詰めの例では攻め駒が一つ与えられている（金である）。初期状態を見ると玉は１－五、３－四、３－五に動くことができる状態である（３か所）。また１－二になぜ「と」がいるかも考えるべきだ。５手詰めでは攻める側つまり解答者は３手与えられている。先ずは玉が動ける場所を減らすことを考えるべきだろう。そうすると２－五に金を打つと玉の動ける場所はなくなる。つまり詰みの形となるが玉側の桂がこれを取り除ける。が、１－二のとの意味をかんがえると、１－四馬とすると同玉なら１－三飛成で詰む。２－五に桂が来ていて逃げられない。２－５の金うちの意味も出てくる。１－四馬に同玉とせず３－四玉、あるいは３－五玉なら２－五馬で詰む。かくしてゴール状態は３通りということ

になる。

　ランダム試行錯誤といえども何らかの手がかりを掴んで手順を踏んでいくことの重要性をこの詰将棋の例で分かるのではないかと思う。

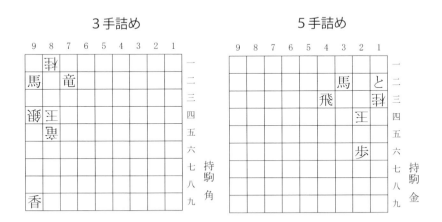

3手詰め　　　　　　　　5手詰め

< 　図　18　>再掲

コラム：数学の問題の解決法

　数学の問題については前書きでも触れた通り G. ポリアの「いかにして問題をとくか」（柿内賢信訳　丸善株式会社）を知らない人は少ないのではないかと思う。

　以下の4行程を推奨している。

　1）問題を理解する

　2）過去に接した問題の経験を生かして計画を立てる

　3）計画を実行する

　4）振り返る

　要はたくさんの問題を経験して慣れ、似た問題を思い出すことかなというのが高校生時代の私の理解であった。なので、4）の「振り返る」が重要で、似た問題の経験をスキーマとしたり類推適用できるような構造化につながるのである。

　ところで、第2版の英語版を最近手にしたらあの有名な数学者のイアン・スチュワートが巻頭言（Foreword）を書いていた。スチュワートは上に示した4つの行程の heuristic strategy を唯一の方法でないし、ポリアも唯一の方法だとは言っていないと記している。この heuristic strategy は、これは規則や法則でなくガイドラインと考え自分の経験という目を通して理解、解釈するものと考え、楽しく読むとよいのではとのコメントである。

　Heuristic principle として leave the hard but to last つまり難しいところは後にして易しいところから手を付けよというのがあるとして以下の問題を記している。

　台所の配置で A にはコンセント a に、B には b のコンセント、C には c のコンセントにつなげたいがコードは交絡しないでつなげなさいという問題。最初に C と c をつなげるとにっちもさっちもいかなくなるが、先ずは「易しい」A と a,B と b をつなげると C と c をつなげる方法が見えると。易しいところから攻めろというのが heuristic principle だと。

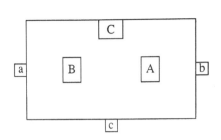

<　図　２５　>

　ただしスチュワートは、トポロジーの専門家はこのようには考えない
とも付記するのを忘れていない。また go for the juglar というのもある
よと付け加えている。スチュワートらしい巻頭言である。

　そういう意味では同じポリアの「数学の問題の発見的解き方」柴垣和
三雄他訳（みすず書房）は問題を解いて、どう経験を熟成するかが分か
りやすいと私には思える。

　高額な本なので手に入れにくいのが残念なところである。

いかにして問題を解くか

ポリヤ・G（丸善株式会社）

	1. 慣れる	2. もっとよく理解する	3. よい考えを探す	4. 計画を実行する	5. 後を振り返る
どこから出発したらよいか？ (Where should I start?)	問題に述べられていることを手掛かりとする	再度問題の記述から始める。問題の記述が明確か心に馴染めるまで目を離してもそれを見失う慣がなくなるまで記述を理解して始める	問題の主要部分の考察から始める。これらが出来たら問題の主要な記述され考察され記憶が役立つそう感じたときに出発すると結びついた	問題の解決に導いた幸運なアイディアから。問題の主要な繋がりの展望が出来、また欠け足できる自信のついた部分を補ったとき	正しい解答から出発
どうすればよいか？ (What can I do?)	出来るだけはっきりと問題全体を捉えること。初めからあまり細かいことに気を取られるな。	問題の主要部分を分離せよ。仮説と結論は「証明問題」の未知数と与えられたデータ条件は「決定問題」の主要部分だ。それらを一つ一つ考え、色々な組合せで考察し部分同士また全体と部分との関連を考察する。	問題を色々な角度から考察し既に知っている事項を新しい見方を見出して全体の見方をつくる。既知の事項との新しい見方を作る。	しっかりと問題を把握する。問題が複雑な場合はまず全体を大きな段階に分けてその各々をさらに細かい段階に分ける。先ずは大きな段階、そして後に細かい段階を調べる。既段階を調べるが、その際可能と判断した代数的、幾何学操作を実行し、正しさを確認する。	解答を色々な角度から既に知っている事項との関連を詳しく検討してそれをできるだけ簡単にする。問題を改良して直感的な既知の事項との整合を目指す。解答に用いた方法を分析し要点を掴み応用を考える。

そうすればどうなるか？(What can I gain by doing so?)	問題を理解してそれに慣れ目標を確定して集中でき問題に関する既知の記憶を刺激でき思い出せる	後で必要となる細かい部分が準備できる	役立つアイディアは全体或は部分的な答えへの道のりを示してくれる。不完全でもそれに違った視点を加えて再検討ができる。	各段階が間違いない正しい解決に到達できる	知識がよく整理されすぐに役立つようになり、問題を解く能力が向上する

1. 決定問題と証明問題
・決定問題は問題の中の未知のものとデータおよび条件を結び付けるのが目的。従い未知のもの、データ、条件を明確に知らねばならない。

　未知のものは何か？データは何か？条件は何か？

　条件をいくつかの部分に分ける

　データと未知のものとの関連を明らかにする

　未知のものをよく見て、未知のものが同じかよく似た問題のことを思い出せ

　未知のもの、データ またはその両方を変えて、1 新しいデータとが相互に近いものになるようにする

　すべてのデータを使ったか？

・証明問題は仮説から結論への命題の正誤を答える。

　仮説は何か？結論は何か？

　仮説をいくつかの部分に分けてみる

　仮説と結論の関連を検討する。仮説の一部を捨てても結論は正しいか？その捨てた仮説から役立つものを引き出せないか

　結論が同じかまたよく似た定理を思い出せ

　すべての仮説を使ったか？

2. 既知の知識との関連を重視している。既知の知識の少ない全くの初心者はどのようなアプローチを取ればよいのか？暫く(はこの方法は使えない
3. 証明問題 (problems to prove) と決定問題 (problems to find) は同じアプローチ
4. 後を振り返ることが重要で 経験を戦力化出来ることを示唆している。どう整理するか？
5. 問題の構造、つまり 部分、部分の関係と全体を看破せねばならない

「問題をどう解くかー問題解決の理論」 ウィケルグレン　矢野健太郎訳
（ちくま学芸文庫）
How to Solve Problems-Elements of a theory of problems & problem solving

(Freema & Co.,)

　原著は 1973 年発行で、訳書は 1980 年である。ポリアの本から 28 年後である。

　ウィケルグレンは心理学者である。「私は大学でとった数学と科学のコースでは問題を眺めこれらの問題を解くには次にどのような方法を試みればよいかということに関して何等の良い考えを思いつかぬまま非常に多くの時間を空費して大変イライラした」（矢野訳）とあり、それ故本書を著したと前書きにある。緒言には「本書の目的は、数学的、科学的そして工学的問題を解くための諸君の能力を改良するよう、諸君に助力を与えることにある。」（同、矢野訳）とある。

　問題と問題解決の理論のいくつかの基本的概念と原理を述べている。しかし一方で簡単な料理本的には正確ではないとも記しているが、心理学に基づいて問題解決のプロセスを一般化しようとしたところに（つまり、ウィケルグレンが学生時代に抱いた不満を解決しようとしたところに）この本の意味があると思う。

　私（小宮山）はこの本の訳書を読んだとき、操作とかゴールとかの用語にとまどったが、一方で見本の問題に詰将棋の問題があって意外感（つまり、当時米国でも将棋がポピュラーになっている？）を持ったことを覚えている。

　ところで最近英語版原著を手に入れたので早速見本の問題を見たら残念ながら詰将棋ではなくチェスの問題であった。逆に日本では当時チェスは今と違いポピュラーでなかったはずなので訳者の配慮だったのかもしれない。しかし本文に将棋のルールがきちんと記述されていたのも間

違いない。

将棋の問題（見本問題）　　　　　チェスの問題（見本問題）

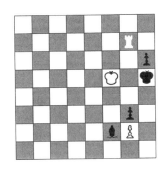

　有名な詰将棋の問題．先手は5手で相手の玉を
詰める．

Part of a famous chess problem. White to achieve mate in five moves.

＜　図　２６　＞　　　　　　＜　図　２７　＞

それぞれ、訳書と原著より転載した。

コラム：問題解決の心理学（安西裕一郎、中公新書）

　以下の文を参照する。

「あふれるばかりの情報に取り込まれた現代の私たち。その私たちこそ、どんな情報が大切なのか、基本的な問題は何なのか、どうすればそれが本質的に解決できるのか、こういった問を常に突き付けられている存在だといえよう。そういう意味で、私たちの時代は「問題解決の時代」と呼ぶのにふさわしい。

　ところで、「この問題解決の時代」を反映して、問題の解決の方法を解いた本が次々と出版され、問題解決法をテーマにした社員研修が、企業などでも盛んに行なわれている。

　しかし、それにしては、問題の解決法の本を読んだり講習会に出席すれば、たちまち問題が解けるようになったという話をあまり聞かないのはどうしたことだろうか。たとえば、アメリカの著名な数学者ポリアが書いた「「いかに問題を解くか」」という本は、問題解決法の古典としてよく知られている。しかし、この本を読んだら問題がよく解けるようになったという話は、ついぞ聞いたことがない。」

　「ところが、一方では、私たちは毎日いろいろな難問にぶつかり、それを何とか切り抜けながら生活している。つまり、私たちはちゃんと自分で新しい問題を次々と解いているはずなのだ。なぜ私たちは、問題解決法の本を読んでも問題が解けるようにならないのだろうか。それなのになぜ、自分にとって大切な問題ならば、何とかして解決してゆくことができるのだろうか。」

として人間の心理的能力に解を求めている。

　問題解決者の例としてここでは、新田次郎の小説の「強力伝」からの話を導入している。

　主人公は富士山で一番といわれた強力（ごうりき）である。強力とは高い山の上まで食料や資材のような重い荷物を背負って運び上げることを職業とする人を指す。

　彼が対応した「問題」は富士山ではなく白馬山の山頂まで約１９０キロもある花崗岩を担ぎ上げることであった。私流に考えると

　　問題の初期条件　登山道入り口にある　約１９０キロある２つの花崗岩
　　ゴール状態　　　白馬山山頂にある　　約１９０キロある２つの花崗岩
　　制約条件　　　　背負って　持っていくこと
　　手順　　　　　　任せられている
　　環境　　　　　　勝手知ったる　富士山でなく白馬山

　この問題に対して富士山で培ったスキーマを簡単にはマッピングできないことが手順に課せられている。つまり、問題解法の方法論から行けばこのような状況だったということではないか？そこでスキーマを拡張し担ぐ背負子やアイゼンを変えてマッピングし直し解に至ったと考えてもよいのではと思う。つまり、問題解決法は使えるということのように思われる。しかし、スキーマを重視せねばならない。

締め括り：

　Ⅰ部を締めくくるに際し先ずは J.E. ゴードンの「構造の世界」の最終部の追記から引用したい。

　心して使うなら、公式は極めて重要な道具であり、大部分の構造設計者はこれで商売している。公式を使うことを恥じる必要は毛頭ない。事実私たちはみなそうしている。しかしその前に、是非心して欲しいのは次のことである。

　1．その公式が何のためのものかを本当に理解する。
　2．その公式が当面の問題に本当に当てはまることを確認する。
　3．そして、これらの公式には、応力集中やその他の特殊な局部的条件が全く考慮されていないということをよくよく覚えておく。

さて、答えが出たら、その値を陰険な、疑い深い目でじっと見よう。
　これは構造設計の問題だけでなくすべての問題に言えることではないかと思う。
　そして、もう少し一般化すれば以下の3つとなるだろう。

　1．あなたは解答だけでなく自分の思考プロセスについても説明できねばならない。
　2．あなたは問題を解決している最中、自分が何をしているのかきちんと認識できていなければならない。
　3．あなたは何がわかっていて、何がわからず、どう知識を集めて対応したか、しっかりと自分に先ず説明できねばならない。

これらを常に認識していくことが、上達の秘訣である。

II. イノベーションの作法

長らく当然と思われてきた事柄に、時に疑問を抱くのはあらゆる出来事において、健全な判断である。
　　　　　　バートランド・ラッセル

第6章
イノベーションとはなんだろう

　イノベーションとはなんだろうか？

　ビジネス理論や経営学、経済学などの分野では「企業などで技術開発が行われ、それに基づいて事業化されたうえで社会経済的に成功した、従来とは異なった新しい工夫や考え方」と考えられている。（三藤利雄　イノベーションの核心　ナカニシヤ出版）

　つまり、簡単に言うとイノベーションは、技術開発プラス事業化それに伴う市場における成功ということになる。

　従ってイノベーションは

　1）技術開発（新しい発見による、あるいは創造的な問題解決や新規の工夫による）、

　2）事業化

　3）市場における成功

の3つの分野に分けて考察すべきということになるが製造業に特化されているわけではないと考えるべきである。特にＧＤＰ６０％以上をサービス業が占める日本の現状ではこの分野でのイノベーションも必須なのである。また企業体の利益のみならず日本国民の生活を豊かにするためでもあると考えるべきである。そして技術開発だけでなく事業化、市場における成功についても創造的であることが望まれる。技術開発だけではこのグローバル化した経済環境では必ずしも成功という結果は約束されないのが現実だ（「オープン＆クローズ戦略」　小川紘一　翔泳社）。日本のエレクトロニクスメーカーの素晴らしい技術開発の結果があっという間にビジネスとしては敗北となった歴史がそれを示している。液晶、

太陽光発電システムなどで次々とそのトップの位置を失い惨めな結果となっているのがその例である。今後自動車用リチウムイオン電池なども危惧されている。しかし、そんなにがんじがらめに考えなくてもその組み合わせはいくつもある。以下の表を見てみよう。◎は革新的○はマイルドな新規性とすると

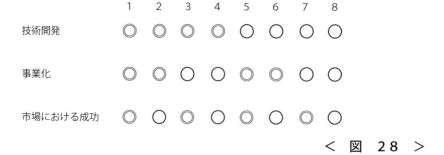

	1	2	3	4	5	6	7	8
技術開発	○	○	○	○	○	○	○	○
事業化	○	○	○	○	○	○	○	○
市場における成功	○	○	○	○	○	○	○	

<　図　28　>

　8組もの可能性がある。もちろん1が最高で8はマイルドすぎるかもしれない。が、なんと言っても市場における成功が重要となる。
　ここからの結論は創造的な技術開発、技術革新だけでなく事業化（創造的なビジネスモデル）でも創造性が必要でそれでないと永続的な市場における成功は望めないということになる。例えば米国のハロルドとベンのローゼン兄弟（ベンはコンパックコンピューターの会長で伝説的な人物）は２５億円と３年の歳月をかけてエネルギーをためこむフライホイールの付いたドライヴトレーンを開発して自動車会社に売り込んだが自動車会社は自動車の心臓部を外部の製造者に任せる気はなく、いいアイディアだったが実現しなかった。トヨタのハイブリッド車との対比はこの事業化の観点から学ぶことが多い。逆に言うと大した技術でなくとも、事業化の仕方が創造的でそれが模倣されにくければ、市場における成功も勝ち取れることになる。
　人類の文明の進化の歴史を振り返って見ると、それは人間の創造性と問題解決力によるイノベーションの歴史そのものではなかったか。石器、

火、衣服、槍から始まり、コンピューター、車、航空機、原子力発電まで数えきれない。私はよく「人間の歴史を変えた発明１００１」(ゆまに書房)を眺めているのだけれど、そう実感する。果てしない人類の創造力、イノベーション力を実感するのである。

「発見は他人が見てきたことを見て、

他人が気が付かなかったことに気付くことによって成し遂げられる」

アルバート・セント＝ジェルジ

第7章
問題の発見

　上の言葉はDNAの二重らせん構造の発見にまつわる話を思い出させる。ロザリンド・フランクリンがX線で撮った写真を見て閃いたジェームス・ワトソンとフランシス・クリックによって提唱され、フランクリンを除いて、彼ら2人がノーベル生理学・医学賞を受賞した話である。

　「発見」とは、まだ誰も知らない、気がつかない、見過ごしている「問題」を始めて理解するということだろう。「問題の発見」と「問題の解決」は次元の異なるテーマだ。「問題の解決」による答えの質は問題の捉え方の質によることになる。第1章で説明した「パンクした問題」に対するドライバー達の問題の捉え方、つまり彼らの問題の発見により差異が出てきたことからもわかる。

　また、アインシュタインは次のように言っている。「問題を構成することはその解を見つけること以上に重要だ。古めかしい疑問に新しい角度から新規の疑問を抱く、新たな可能性を抱く、ということは創造的な想像を必要としこれが科学における実質的な進歩の土台となった」と。問題の発見がなければ問題の解決はありえないが、他の人が発見した問題を解決する以上に発見が重要ということを意味しているのであろう。

　R.J. ブラックウェルは発見のタイプについて「ということの発見」と「なぜかの発見」とで区別している。ケプラーは惑星が一定の仕方で運動する、つまり惑星は太陽を一つの焦点とする楕円軌道上を運動する事

を発見した。しかしなぜそのように運動するかの「説明」は出来なかった。ニュートンの万有引力の説明を待たねばならなかった。

つまりケプラーの発見は「ということの発見」であり、ニュートンの発見は「なぜかの発見」であると説明している。

問題は、端的には現状と、こうあってほしい状態との差異を意味する。こうあって欲しいという希望、こうあるべきだという要求、或いは理想とのギャップである。

どうしてそのギャップ、差異があるのだろう、どこからその差異が、どうして来るのだろうと考えることである。

発見の論理についてはアブダクションという方法がある。米盛裕二による「アブダクション―仮説と発見の論理」勁草書房を参考に説明する。

アブダクションは米国の論理学者チャールズ・パースにより提案されたものだ。これは優れた発見的機能を有するのであるが一方で可謬性の高い、つまり間違う可能性もある発見の論理学である。ある意外な事実の観察から出発してその事実がなぜ起こったかについての説明の仮説を形作りものである。

定式化すると

　　　驚くべき事実Cが観察される

　　　しかし、もしHが真であればCは当然の事柄であろう

　　　よって、Hが真であると考えるべき理由がある

となる。「驚くべき事実C」というのは私達の疑念と探求を引き起こす、ある意外な事実であり、「H」はその「驚くべき事実C」を説明するために考えられた「説明仮説」だ。

例で説明してみよう。魚と思われる化石が発見されたが、驚くべきことにアルプス山脈の中腹であった。海底か海岸沿いなら理解できるのだがなぜアルプス山脈の中腹で？という驚くべき事実に対して考え出されたのが説明仮説「このあたり一帯はかつて海であった」に違いないということが出てくる。

もう一つ「大陸移動説」を取り上げてみよう。１９１５年に Wegener

は驚くべきことに、北米大陸、アフリカ大陸、南米大陸、ヨーロッパ大
陸の海岸線の相似性に気がついた。

　そこで彼は元々は一つの大陸（パンゲア）であったのだという説明仮
説を唱えた。

　学会では失笑されたのだが約５０年後のプレート・テクトニクスの観
測からやっと認められることになった。

　確かにアブダクションはその結論つまり仮説を推測的に言っているに
すぎないので間違う可能性のある推論ではあるが、単なる「あてずっぽ
う」ではなく、ある明確な理由、または根拠—「そのように考えるべき
根拠がある」「そのように考えるのが最も理にかなっている」「そのよう
に考えざるを得ない」など納得できる合理的な理由または根拠—に基づ
いて仮説を提案するものなのだ。

　いろいろな仮説が思い浮かぶとき、選ぶ基準は以下の４つとなる。

　１）もっともらしさ—最も理にかなった説明を与える

　２）検証可能—提案された仮説は経験的事実に照らして確証ないしは
　　　　　　　反証しうるもの

　３）単純性—同じ程度の説明能力を有するいくつかの仮説があるとし
　　　　　　　てより単純な仮説を選ばねばならない

　４）経済性—単純な仮説ほどそれを実験的にテストするのに費用、時
　　　　　　　間、思考、エネルギーを節約できる

Wegener の仮説はあまりにも規模の大きな事象なので上記の基準を
満たすには時間を要したということなのであろうか。

　データから理論の発見に至るには創造的想像が必要である。仮説や理
論は観察された事実を説明するために発明されたものだとヘンベルは
言っている。ケプラーの場合は、惑星の動きの積み重ねられたデータか
ら太陽を一つの焦点とする楕円軌道を創造的に想像した。惑星の運動で
の楕円軌道を発明したともいえる、ということかもしれない。

　しかし特別な能力を持った人が問題の発見をやるのだと思うことは間
違いだ。自分と創造的想像や発見をなど関係ないと思いがちであるが誰

でも日常的に問題の発見をしている。私たち全員が創造的発見者なの
だ！！

コラム　アブダクション―仮説と発見の論理

発見の論理についてはアブダクションという思考法があるので以下に米盛裕二著の「アブダクション―仮説と発見の論理」（勁草書房）を参照に少し詳しく記しておく。

1．アブダクションとは？

科学的論理的思考という言い方に変えて論理学の用語である「推論 (inference)」を用いる。演繹、帰納、アブダクションというのは科学的論理的思考を形成している主要な3つの推論である。演繹はギリシャの哲学者アリストテレスが創設し、帰納はイギリスの哲学者 F. ベーコンと J.S. ミルらによって確立され、アブダクションはアメリカの論理学者チャールズ。パースにより加えられた。

推論は前提と結論からなる。前提とは推論の根拠となるあらかじめ与えられた知識や情報、データであり、結論とはそれらの与えられた知識、情報、データを論拠にして下される判断のことだ。推論は前提やいくつかの既知のものからそれらの前提を根拠にしてある結論（未知のもの）を導き出す論理的に統制された思考過程である。

＜演繹＞

演繹的推論は明確な形式的構造を有し推論の内容を考慮に入れずに推論の形式（前提と結論の間に成り立つ論理的形式）のみによって真なる前提から必然的に真なる結論が導かれる。

＜帰納＞

演繹が経験から独立に成り立つ形式的必然的推論であるのに対し、帰納は経験に基づく蓋然的推論だ（つまり、いろいろな点から見てそうなることが十分に予測できる）。つまり帰納は限られた経験に基づいて一般的言明を行う推論である。

その一般化推論（部分から全体へ、特殊から普遍への一般化推論）によって、帰納は経験的知識の拡張をもたらすが、しかしそのかわり、経験的反証にさらされているので蓋然的推論にとどまる。例えば旧大陸では観察されたスワンは全て白色だったので「すべてのスワンは白い」と考えられていたがオーストラリアで黒いスワンが発見されこの機能的一般化は否定された、つまり帰納において前提（これまで観察されたスワンは白かった）が真であっても結論（すべてのスワンは白い）は偽になることがありうる。

＜アブダクション＞
　パースは優れた発見的機能を有するがしかし可謬性の高い（間違う可能性が大きい）推論であり、帰納よりも論証力の弱い蓋然的推論（いろいろな点から見てそうなることが十分に予測できる）のアブダクションを唱えた。さらにこれにより、探究の論理学（アブダクション論理学 logic of inquiry）を確立した。

2．探究の論理学（発見法的論理学 heuristic logic, 発見の論理学　logic of discovery）
　演繹を重視する論理学つまり「論証の論理学」は前提から結論を導き出したり、実証的事実を仮説や理論に関連付けるための諸規則を取扱う、つまり、それらの諸規則は妥当か妥当でないか、正しいか正しくないかを判断するものだが、「探究の論理学」は、諸問題を解決したり、いろいろな問いに答えたり、重要な成果を上げるのに役立つような諸規則を研究する、つまりそれらの諸規則を応用性、単純性、有効性の観点から評定するもの。探究という科学的行為は諸問題を解決したり、いろいろな疑問に答えたり、そして発見を行い新しい知識を獲得するそういう重要な成果を上げるためつまり知識を拡張するために行われる。よって知識を拡張するための推論の拡張的（発見的）機能を重要視する。そしてアブダクションという推論が最も拡張的（発見的）機能を有する。アブ

ダクションこそ科学の諸観念や理論を生み出す唯一の論理的操作であり、最も優れた科学的発見の方法である。

３．帰納とアブダクションの違いは？

　拡張的推論にはアブダクションのほかに帰納も含まれるがその差異はその拡張的機能にある。アブダクションの拡張的（発見的）機能は仮説や理論を発見することであり帰納の拡張的機能は仮説や理論を検証するための実験を考えることにある。アブダクションは拡張的機能において帰納より優れているが、しかしそのかわり、論証力においては帰納より弱い推論である。

　以上をまとめて図式化すると以下のようになる。

	演繹	帰納	アブダクション
論証力	最も優れる	中間	劣る
拡張的機能	なし	中間	最も優れる

<　図　29　>

４．位置付け

　アブダクションによって仮説や理論が提案され、その仮説や理論を実験的に検証する。仮設や理論を前提にしてその仮説や理論の内容を分析解明し、その仮説や理論から実験的観察可能などんな経験的諸帰結、予測が必然的にあるいは高い確率で導かれるかを示すことによってその仮説や理論を実証的事実に関連付ける。

5．アブダクションの推論の形式と特質

　ある意外な事実や変則性の観察から出発してその事実や変則性がなぜ起こったかについての説明を与える「説明仮説」を形成する推論がアブダクションだ。

定式化すると

　　　　驚くべき事実Cが観察される。

　　　　しかしもしHが真であればCは当然の事柄であろう、

　　　　よって、Hが真であると考えるべき理由がある。

　「驚くべき事実C」というのは、我々の疑念と探究を引き起こすある意外な事実または変則性のことであり、「H」はその「驚くべき事実C」を説明するために考えられた「説明仮説」だ。

　確かにアブダクションはその結論（仮説）を推測的に言明しているにすぎずそれは大いに間違う可能性のある論証力の弱い推論だ。しかし単なるあてずっぽうではなくそれはある明確な理由または根拠―「そのように考えるべき理由がある」「そのように考えるのが最も理にかなっている」「そのように考えざるを得ない」というふうに納得できる合理的な理由または根拠―に基づいて仮説を提案している。このようにアブダクションは意識的に熟慮して行われる思惟（reasoning）であり、そういう意味では統制された推論と言えるでしょう。しかし「閃き」をも取り入れている。

6．閃きと熟慮からなるアブダクション

　アブダクションは「洞察―閃き」と「推論」の二つの段階からなる。二つは補完的である。第1段階は探究中の問題の現象について考えられる説明をあれこれ推測し思い浮かぶ仮説を思い浮かぶまま列挙することでありこの段階では考えられる諸仮説をただ列挙するだけだ。そして洞察（閃き）が働くのは主にこの第1段階においてだ。アブダクションの第2段階はそれらの思い浮かぶ諸仮説のリストの中から最も正しいと思われる選び出す過程だ。

　言い換えると科学的探究者はたとえ偶然のひらめきによって仮説を思いついたとしてもただちにその仮説を採択するのではなく、それがさらに考えられる仮設の中で最も理にかなっている仮設かどうかを熟慮して採択せねばならない。つまり仮説は実験的テストによって検証されなくてはならない。仮説を選ぶということはある仮説が実験的テストにかけるに値するものかどうかを検討し、暫定的に採択することである。

7．帰納とアブダクションの違い

<演繹>　　１．この袋の豆はすべて白い（規則）

　　　　　　２．これらの豆はこの袋の豆である（事例）

　　　　　　３．ゆえに、これらの豆は白い（結果）

<帰納>　　１．これらの豆はこの袋の豆である（事例）

　　　　　　２．これらの豆は白い（結果）

　　　　　　３．ゆえに、この袋の豆はすべて白い（規則）

<アブダクション>

　　　　　　１．この袋の豆はすべて白い（規則）

　　　　　　２．これらの豆は白い（結果）

　　　　　　３．ゆえに、これらの豆はこの袋の豆である（事例）

　演繹は３段論法であり

　１．この袋の豆はすべて白い

　２．取り出したこれらの豆はすべてこの袋の豆である

　３．ゆえにこれらの豆はすべて白い

となるが、帰納は豆がいっぱいはいった袋がここにあって、その袋の中の豆がどんな色の豆か知りたいとき、その袋の中から例えば手いっぱいの豆をサンプルとして取り出して調べてみたら（1）、それらの豆は白かった(2)、ということからこの中の豆はすべて白い(3)と結論している。帰納は部分（サンプルとして取り出した手いっぱいの豆）に関する情報（これらの豆は白い）に基づいてその部分の属する全体(袋の中の豆全体)

について、この袋の中の豆はすべて白いというふうに一般化を行っている。

アブダクションの場合は、ここにいくつかの白い豆がこぼれていて（２）これらの豆がどこからこぼれてきたものかわからないとき、その近くにある袋の中の豆がすべて白いこと（１）に気付いてこれらの豆は多分この袋からこぼれたものであろう（３）と推論している。

アブダクションの定式化—驚くべき事実Ｃが観察される、しかしもしＨが真であれば、Ｃは当然の事柄であろう、よってＨは真と考えるべき理由がある—に従っていいかえれば

「ここに幾つかの白い豆がこぼれているのが観察される、そしてこれらの豆が一体どこから零れ落ちてきたものか知りたい、つまりこれが説明を要する〔驚くべき事実Ｃ〕だ。しかし近くに白い豆が入った袋があるのに気が付いて、これらの豆は多分その袋からこぼれたものに違いないと推測する。それが説明仮説Ｈである。これらの豆がその袋からこぼれたものであろう（Ｈ）とかんがえれば、ここに白い豆がこぼれていること（Ｃ）は驚くに当たらない。よって、これらの豆は多分その袋からこぼれたものである（Ｈは真である）と考えるべき理由がある、と暫定的に結論できる。こうして思わぬところに白い豆がこぼれていること（驚くべき事実Ｃ）についてこれらの豆が一体どこからこぼれてきたのかということに説明を与え、我々の疑念を合理的に解決することができる。

このように帰納は観察データに基づいて一般化を行う推論であり、対してアブダクションは観察データを説明するための仮説を形成する推論だ。

8．帰納は我々が事例のなかに観察したものと類似の現象の存在を推論する。言い換えれば帰納はわれわれが観察した事例（部分）においてある現象または性質が見いだされるとそれらの事例が属するクラス全体において同じ現象または性質が見いだされるだろう、と推論

する。

　しかしアブダクションは次の 2 点で帰納と異なる。

　第 1 にアブダクションは「我々が直接観察したものとは違う種類の何物か」を推論する。

　第 2 にアブダクションは「我々にとって直接には観察不可能な何物か」を仮定する。

　陸地の魚の化石の話でいえば、我々が直接観察する事態（魚の化石が残っている現在の陸地の状態）について説明するために、それらの事態とは違う種類の、しかも直接には観察不可能な事態（大昔、海であった時の状態）を仮定し、遠く隔たった 2 つの事態を因果的に結び付けている推論だ。

9．ポリヤの「いかにして問題を解くか」（丸善株式会社）に示されている発見的三段論法は当人は帰納的と考えているように見えるが、「そうらしいという考え方」はアブダクションである。

10．人工知能の研究者たちは「厳密な推論」だけでなく、「厳密でない推論」も重視していて、とりわけ人間の創造的思考に関心を持つ人工知能論者たちはむしろ「厳密でない推論」に人間の推論の特質を見出そうとしているようである。そして同じような考え方を私もずっと以前から持っていましてそういう観点から私が注目したのがパースの演繹、帰納、アブダクションの 3 分法の推論の概念であり、とりわけ創造的思考、科学的発見において重要な役割を果たすと考えられるアブダクションである。（この部分、同書の前書き）

第8章

イノベーションの問題にチャレンジするまえに

　今私達を取り巻く課題を展望する前に、3つの考え方、視点を整理してまとめておこう。

　一つは日本ではどちらかと言うと科学技術は一つのカテゴリーで考えがちだが（例えば日本政府から発行されている科学技術基本計画を見るとそう感ぜざるを得ない）科学と技術を区別することである。二つ目は技術の本質的な側面についてであるが、米国のクランツバーグによる長年にわたる技術史研究から見た技術の実態である。そして最後に日本の近代化における科学技術のこれまでの発展の経過と世界における産業革命についてである。

1．科学と技術

　先ず科学と技術の区別を明らかにしておこう。科学には物理学などの自然科学や社会科学そして人文科学がある。西堀榮三郎の「ものつくり道」によれば「科学とは森羅万象における知識を発見すること」と定義される。科学の背景には必ず「発見」がある。例えば、人文科学における文学のような人間の心を扱う学問でも人間の心を客観的に眺めてそこに新しい発見を積み重ねている。

　技術は科学で得た知識を何らかの目的に結び付けて物や、ものからなるシステムを作るものなのである。

　新知識の発見という科学にはそれ自身には何の罪もない。技術がその科学による新発見を目的に合わせて具体化するので功罪は技術を通して

のみ生ずるのだ。つまり技術は目的を誤れば「功」どころか「罪」になる危険性をはらんでいる。西堀は次の例を挙げている。ウラン２３５に中性子をあてれば $E=MC^{**}2$ に従い莫大なエネルギーを発生するという発見はこれ自体は「科学」であるが、そのエネルギーを原子力発電に使うのも原子爆弾に使うのも「技術」の範疇なのである。

2. クランツバーグの法則

　クランツバーグは元ジョージア工科大学の教授であり、技術史協会の創設者である。
　１９９０年ごろ長年にわたる技術史研究を踏まえて提示したのが以下の「クランツバーグの法則」（kranzberg's Law）である。歴史上の様々な技術的な営みの実際の姿や発展の状況から、事実そうなっている、事実そうだといえることを命題化したもの。以下に見て行こう。

第１法則：技術は善でも悪でもなく、また、中立でもない
　　　　（Technology is neither good or bad nor is it neutral）

　テクノロジーの発展は、技術の創意工夫や技術の営為そのものが直接の目標としていることをはるかに超える、環境的、社会的、人間的な帰結をしばしば生む。また、同じ技術でも異なったコンテクスト（文脈）や異なった環境に導入されると、全く異なる結果をもたらしうる。先述の原子力を考えてみるとよいだろう。また、農薬は土壌を疲弊させ、人体への悪影響もあることから先進国では悪者扱いだが発展途上国では食糧増産のためには必須のものである。もっとはっきり言えば、技術が現実の世界に出てくるそのプロセスには技術者の性格や個性、そして最終的には技術者の思想や哲学が関わり技術者の資質によって良くも悪くも科学の結果が現れることになるのだ。技術を行うものには目的の良否が見極められるだけの「良心」が備わっていなければならない。第１章

のはじめで説明したように問題の再設定というか置き換えで答えが変わるときにどの答えを選定するか？それが大切だということである。

第2法則：発明は必要の母である
(Invention is the mother of necessity)

　よく言われてきた「必要は発明の母」ではないことに注意しよう。技術革新というのは、どれも十分に効果的であるためには、技術のさらなる進展を必要とする。

　だから、重要な技術革新はそれを完全に効果的なものとするために、更なる発明を必要としてきた。例えば、ある一つの機械の改良がそれ以前に成立していたバランスをくずしてしまい、そのため新たな技術革新によってバランスを取り戻す努力が必要となる。

　もともとの革新的発明そのものがそうした必要を生み出すということである。自動車の発明がタイヤ工業を起こし高速道路を生んだ事実から理解できる。

第3法則：技術は大きいものも小さいものもひとまとまりでやってくる。
（Technology comes in package,big & small）

　ひとまとまりとはシステムという意味である。相互に作用し結合しあった構成要素からなる密接に関連した構造体がシステムである。仮に一つの構成要素が変化すれば全体が機能し続けるために、他の部分が変形しなければならないのがシステムである。

　技術はどのような規模のものであろうと（大きかろうが、小さかろうが）そういうものとしてやってくる。ひとかたまりにドカンと来るということも示唆している。

第４法則：技術は多くの公共的問題において第一に重要な要素だが技術
　　　　　政策上の決定では、しばしば非技術的な要因が優先する。
　　　　　(Although technology might be a prime element in many
　　　　　public issues,Nontechnical factors take precedence in
　　　　　technology-policy decisions)

　技術者というものは、技術的問題に対する自分たちの解決は、軟弱で
感傷的な社会的諸問題に基づいてはいないと主張するものだし、自分た
ちの決定は技術的効率、効果という測定可能な事実によっているものだ
と誇りもする。しかし「純粋に技術的な」決定と思えるものも、社会文
化的な要素が、中でも人間的要素が含まれているのが現実だ。新エンジ
ンの開発で設計者と生産現場で意見が衝突し結局企業利潤の要求が優先
された例が示されている。

第５法則：すべての歴史が関連する。しかし、技術の歴史が最も関係する
　　　　　(All history is relevant but the history of technology is the
　　　　　most relevant)

　技術史家は発明者の人格に始まってより大きな社会的、経済的、政治
的、文化的環境に至るまで技術に影響する外的な力や要因に気が付いて
いなければならない。
　我々が一般に抱いている歴史像や現在若い人たちに教えられている歴
史には技術の要素が欠けているが、技術はこれまで重大な要因であり続
けてきた。

第６法則：技術はまさしく人間的な活動である。技術の歴史もそうである
　　　　　(Technology is a very human activity and so is the history of
　　　　　technology)

　人間は homo faber（作る人）に同時にならなければ homo sapiens（知恵ある人）にはなれなかった。人間は技術プロセスの構成要素である。技術の成果物の後ろには人間の顔がある。技術者は「技術」は自然の恵みを受けるものだということを忘れないという謙虚な態度で技術に向き合わねばならないと西堀さんも記している。

　クランツバーグの法則は、社会の中での技術を考える上で多くの示唆に富んでいる。

　技術を人や社会から切り離して単にそれ自体の良し悪しを論ずることはできない。

　技術は常に進歩を求める。だが、技術とその応用が持つ性質、方向、目的、結果を決定するための要因は上記の社会的なコンテクスト（文脈）からなる。技術上の意思決定、技術の成長と衰退には消費者、政府機関、企業などの意向が複雑に交絡して定まってきたのが歴史的事実なのだ。従い、技術そのものばかりでなく、社会的、文化的な文脈の中で見なければならないことを示唆しているわけである。

　この項は「技術の善し悪し」竹山重光　環境技術　Vol.22 No.12 (1993)によっている。

3．世界の科学技術の発展と日本の近代化における科学技術

　人類の文明の発展の原動力となってきたのは何であろうか？究極のところ人類が生まれて今に至るまで常に抱いてきた願望、つまり、少しでも便利に、少しでも楽に、少しでも多く食べたいという願望だったと言って間違いない。今現在もそうであろう。約1万年前に狩猟生活から農耕生活へ移行できた。それは動物の家畜化によって可能となった。この農業への変革によって食糧生産量が増えて人口増加につながり、この結果大規模な定住化と都市化ができるようになったのである。強いて言えば第0次産業革命だった。

続いて１８世紀後半から一連の産業革命がはじまった。１７６９年の
ジェームス・ワットが発明した蒸気機関と鉄道建設によりもたらされた
ものが１７６０年から１８４０年代までの第１次産業革命である。機
械による生産の幕開けである。人間や馬などの代替えを行い生産性の著
しい向上をもたらしたのだ。少しでも楽に、少しでも多く、少しでも便
利にという願望を満たしたのである。

　電気と流れ生産の導入によってもたらされた19世紀後半から20世
紀初頭の第２次産業革命は大量生産を可能にした。少しでも多く、少
しでも便利に、を達成したのである。産業革命の経緯を見るとクランツ
バーグの法則の指摘どうりだと思う。例えば、第１次産業革命時の労
働者によるラッダイト運動を考えてみるとよい。

　山本によると（近代日本１５０年—科学技術総力戦体制の破綻　山本
義隆　岩波新書）機械における蒸気動力の使用は動力革命、つまりもの
を駆動する能力、ものを持ち上げる能力として人類が畜力、水力、風力
しか知らなかったことに対しての革命であったばかりでなく、暖房や調
理にしか使われなかった熱がものを駆動する能力を示したことから、エ
ネルギー概念の発見を導くものであった。この概念から電力が駆動のみ
ならず照明、通信の力を持つことの発見につながり、蒸気と電気の使用
は動力革命を超えるエネルギー革命であったと指摘している。

　このエネルギー革命から西欧諸国は「列強」として海外植民地の獲得
へ進んでいったのである。

　日本の近代化は近代化を明治元年、１８６８年とすると、２０１８年
は近代化日本１５０年、２０２１年は１５３年となる。クランツバーグ
の法則にて指摘されているがこの１５０年の歴史で技術の関連を記述し
ている本、新聞記事は非常に少なかったように見える。上記の山本の記
述に基づくと欧米諸国のエネルギー革命の時代に日本は開国し、近代化
をエネルギー革命として開始することができたのは幸運だったのであ
る。江戸幕府の幕末に欧米との軋轢により欧米の科学技術に開眼した日
本は、官の指導と軍の牽引により貪欲にそして効率的に西欧技術を吸収

した。いわゆる「殖産興業・富国強兵」の施策であった。明治５年の新橋までの鉄道開設や群馬県富岡の完全蒸気駆動の製糸工場建設などがその例になる。まさしく、西欧のエネルギー革命を自国のものとしたのである。日清日露戦争を経て満州権益を手中に収め、更に当時の朝鮮を植民地として獲得し、「列強」の一国となった時点で日本のエネルギー革命を完了させた。（日露戦争は１９０５年、明治３８に終了）

　１９６０年代に始まった第３次産業革命は、半導体、メインフレーム・コンピューター（１９６０年代）パーソナルコンピューター（１９７０年代～１９８０年代）インターネット（１９９０年代）によって推進され、デジタル革命とも呼ばれている。トランジスタの発明（１９４８年）は電子装置を一新し、集積回路の商品化（１９６５年）によりコンピューターの性能が格段と向上し、人工衛星、産業用ロボット、（１９６２年）、ジャンボジェット機（１９７０年）CAD/CAM など現代の文明の基盤となっているものが出てきたのである。

　明治以降の日本の近代化は、中央官庁と産業界と軍、そして国策大学としての帝国大学の共同で進められた。「殖産興業・富国強兵」から第２次世界大戦下の「高度国防国家建設」、戦後の「経済成長・国際競争」といったスローガンで引き継がれている。

　第３次産業革命時日本でもソニーが世界初のトランジスタラジオを開発し（１９５５年）、富士通ファナックがロボットでロボット生産を導入している（１９８１年）。

　技術開発の昭和史（森谷正規　朝日文庫）に数々のしかも他分野の目覚ましい開発の例が示されてる。経済発展と物的な豊かさで「少しでも」という願望を満たしてきたのだが結果として江戸時代の２６０年間は人口はおおよそ３０００万人で変わらなかったものが、明治維新後急速に増加し、第２次世界大戦の敗戦後で７２００万人、１９７２年には１億人を超え、２０１０年には１億２８００万人というピークを迎えた。（現在は人口減少、少子高齢化社会となっているのは周知の事実である。）

　一方で１９５５年～５６年に富山でのイタイイタイ病、熊本での水俣

病など公害が多発したことも付け加えねばならない。

４．世界の現状

　さて、いよいよ現在に至る訳なのだが、クラウス・シュワブによると（ダボス会議が予測する未来　日本経済新聞出版社）エマージング（創発）テクノロジー（先端的技術）のブレイクスルーが大量に同時発生しているとしている。人工知能（AI）、ロボット技術、IoT(インターネット・オブ・シングス)、自動運転車、３Ｄプリンター、ナノテクノロジー、バイオテクノロジ、量子コンピューターなどを指している。これらの多くは、いまだ初期段階にあるけれども、第３次産業革命の一部でなく、第４次産業革命と呼ぶにふさわしいと言っている。何故なら

１．速度
　第４次産業革命は今までと異なり線形でなく指数関数的ペースで進展している。
２．拡大と深化
　第４次産業革命はデジタル革命の上に成り立っており、様々なテクノロジーを結び付けている。なので、仕事の対象と方法を変えるだけでなく私たち自身が誰なのかも変える。
３．システムへの影響
　第４次産業革命は国や企業、産業、社会全体のシステムの転換を伴う。

からだという理由である。
　デジタル革命を背景として資本の役割とビジネス拡大の在り方が収穫逓減しない（今までは事業規模を拡大していくと収益は逓減していた）から、さらに規模を追い求めるだろうというのでありその例がGAFA(グーグル、アップル、フェイスブック、アマゾン)やアリババなどとしている。

　いまだに世界人口の１７％、約１３億人は電気を利用できないので第２次産業革命を享受できず、また約４０億人（世界人口の５０％）がインターネットにアクセスできず第３次産業革命を享受していないのが現実なのだが…………。

5．農業技術の歴史

　ここで「戦争と農業」（藤原辰史　インターナショナル新書）から20世紀の農業技術を振り返ってみたい。

　世界の人口は現在約７３億人で、21世紀の後半には１００億を超えると予測されている。50年前は３０億人であった。この人口増加を支えたのは取りも直さず農業の進化、農業技術の革命で大量の食物の供給を可能にしたからにほかならない。革命の技術は農業機械、化学肥料、農薬そして品種改良技術だと著者は指摘している。内燃機関を搭載した農業機械である、トラクターは牛馬を使う苦役から人類を解放した。振り返ってみれば約１万年前に狩猟生活から農耕生活へ転換した時には畜力が革命的だったことを思い出す。「少しでも楽に」である。しかし牛馬の利点の肥料となる糞尿がトラクターから得ることはできない。クランツバーグの法則である。この革命により新たな革命、肥料の製造となる。植物が成長するには、窒素、リン酸、カリウムといういわゆる３大要素が必要なのだが、空気中の窒素からアンモニアを合成する空中窒素固定法が発明されハーバー・ボッシュ法と呼ばれている。ハーバーもボッシュもノーベル化学賞をうけているがこれにより飛躍的な生産高を可能にしたのであるから当然である。日本でもチッソという会社が生産を担ったが前述のように残念ながら水俣病という公害をもたらしてしまった。３つ目の農薬は害虫や雑草を作物から駆除する化学製品全体をさすのであるが、これにより収穫量を増やすことができた。しかし一方で農薬による被害ももたらした。

　この事実を明らかにしたことでよく知られているのがレイチェル・

カーソンの「沈黙の春」（新潮文庫）だ。同書の最後はつぎの文で終わっている。「恐ろしい武器を考え出してはその矛先を昆虫に向けていたが、それは他ならぬ私たち人間の住む地球そのものに向けられていたのだ」

4つ目の品種改良は遺伝子組み換えにまで達している。

トラクター、化学肥料、そして農薬は農業を大きく変えるとともに20世紀の戦争の在り方まで変えた。民事技術を軍事技術に転用することをスピンオンというそうだが、トラクターがスピンオンされて戦車になり、化学肥料がスピンオンされて火薬（火薬は硝酸を原料とするが硝酸はアンモニアから生成できる）となり化学肥料会社が火薬産業となり農薬の名前を変えて毒ガスとして使われた。大量の人命が失われたのは既成の事実である。大量の人口を支える一方、皮肉にも大量の人間の殺戮に貢献していたわけである。

レイチェル・カールソンの「沈黙の春」の最後の文を思い出す。

6．これからのイノベーションを考えるために

少しネガティブな話をしたのだが、最後のまとめとして、森下伸也による「逆説思考　自分の頭をどう疑うか」光文社新書２６２によって概観してみたい。

今まで述べてきたように人類の文明発展の原動力になってきたのは究極のところ極めてプリミティブな少しでも豊かに、少しでも快適に暮らしたい、少しでも楽になりたい、少しでも多く食べたいという古代から刷り込まれた願望なのである。この願望が人類による色々な工夫、発明、発見を生んできたのだ。つまり「必要は発明の母」が基本原理だったのである。ところが、第２次産業革命によって巨大な生産力を基盤にして資本主義が形成され、高度消費社会と呼ばれる段階に達すると事態は逆転して「必要は発明の母」でなく、むしろクランツバーグの法則とは異なった意味で「発明は必要の母」が資本主義や社会発展の基本原理に置き換わったのである。言い換えると次のようになる。資本主義が成長

してくる土台となった市場はもともと食料や衣料のような人間が生きて
いくのに最低限欠かせない生活必需品を交換する場であった。資本主義
はこの交換の場の市場を活性化し、技術の発展がもたらす物質的恩恵を
広く社会にいきわたらせるとともにその結果生じる需要の拡大によって
更なる技術の発展を促すことになった。市場と技術の発達を資本主義が
媒介することによって、西欧先進国は飢餓に脅かされることがなくなっ
たのである。つまり最低限の生活必需品を交換する市場を通じて多くの
消費者がそれらを手にできることになったのである。しかしこの「最低
限の生活必需品」の水準は急速に上昇していった。本来の「最低限の生
活必需品」ではないけれど、それがあれば生活が格別に便利、快適にな
るという理由で開発、発明され、現実にそのように利用されている「生
活便利品」が市場に導入されるに至る。言ってみれば贅沢品が「生活便
利品」に変身した。資本主義は「最低限の生活必需品」水準を超えた「生
活便利品」をスタンダードとして更に市場を拡大していった。しかしこ
れが飽和したのは日本ではいうところの高度経済成長期になる。これは
最終的には「最低限の生活必需品」は言うまでもなく「生活便利品」の
需要が飽和したことを意味するわけである。資本主義の本質は常に利潤
の拡大を求めることにあるので市場の飽和、成長の頭打ちは資本主義の
終焉につながってしまう。そこで行くべき道は、グローバルな市場開発、
従来の市場に属する商品に高付加価値をつけて利潤を拡大する、「最低
限の生活必需品」どころか「生活便利品」でさえない、言ってみれば「生
活無用品」の開発による市場の創生ということになる。つまり種々のジャ
ンルの技術を順列組み合わせ的に応用して「無用品」を次から次へと発
明し、それらをあたかも「必需品」のように消費者に啓蒙、錯覚させ欲
望の模倣性を利用して消費を拡大しようとしているように見える。こう
して時代は「必要だから発明された」のではなく「発明されたから必要
になった」という状況になっていると指摘している。鋭い指摘だと思う。
　東洋経済誌（January 2019 22）に「平成のヒット商品　30」で平
成の30年でその年に流行した代表的なものを掲載している。是非とも

参照して自分の感覚でこれらのヒット商品を評価してみるのもよいと思うのである。私自身は、平成15年のトヨタ自動車のプリウスが省エネ、地球温暖化への対応で強いて言えば「生活必需品」のカテゴリーに近いかなと思う。

7．科学技術基本法

ところで、1995年（平成7年）日本において「科学技術基本法」が制定されている。1期5年ずつに区切って科学技術基本計画を立案する施策となっている。この計画は総合科学技術・イノベーション会議が提案して閣議決定で承認される立て付けとなっている。予算としては1年間にGDPの1％、1期5年間で約20〜25兆円の規模である。各期の要旨は以下の通りである（日経新聞と池内了「科学者と戦争」岩波新書を参考にした）。

１．第1期（１９９６年〜２０００年）
　「人間のための科学技術」と「生活・社会の充実のための科学技術」を目標とし「物質・材料系」「情報・電子系」「ライフサイエンス」「ソフト系」「先端基礎」「宇宙系」「海洋」「地球」という分野に重点化している。また、体制的には競争的研究資金制度の拡充やポストドクター（博士号取得者）1万人計画などであった。

２．第2期（２００１年〜２００５年）
　国際的・社会的課題に対応しての重点4分野として「ライフサイエンス」「情報通信」「環境」「ナノテクノロジー」を設定している。
　また、国の存立にとって基盤的であり不可欠な分野として推進する4分野、「エネルギー」「製造技術」「社会基盤」「フロンティア」を設定している。

３．第3期（２００６年〜２０１０年）

　国家基幹技術として「スーパーコンピューター」「ロケット」などを設定。またイノベーションの創出を目指すとしている。

４．第4期（２０１１年〜２０１５年）

　体制的に科学技術とイノベーションの政策を一体的に推進、分野別の重点化から課題達成型の重点化に転換するとしている。この時期に東日本大震災に遭い、震災からの復興という問題を抱え「震災からの復興・再生の実現」「グリーン・イノベーション」「ライフ・イノベーション」という３分野を重点分野としている。

５．第5期（２０１６年〜２０２０年）

　「超スマート社会」を実現する「ソサイエティ５．０」を提唱。「未来の産業構造・社会変化に向けた取り組み」「基盤的な力の育成・強化」「直面する経済社会的な課題への対応」の３点を挙げている。

　また、「イノベーションシステムの構築として、人材の育成・流動化を図り、大学・研究開発法人改革と研究資金の改革を連動させ一体的に行う」として被引用回数が多い論文の数など計画進捗を把握するための目標値を設定するなどとしている。

８．これからの課題

　先ずは２００８年に出されたヴァチカンからの「７つの大罪」を挙げておく。
１．遺伝子組み換え　２．人体実験　３．環境汚染　４．社会的不公正
５．貧困を起こすこと　６．淫らまでに金持ちになること　７．麻薬
　これらは現在も人類の抱える問題といってよいだろう。6は拡大する貧富の差への警告だろう。
　日本からの発言として、当時東大総長であった五神真による地球と人

類社会の未来に貢献する「知の協創と世界拠点へ」（学士會会報 No.943 2020-IV）を取り上げてみよう。

曰く、1．戦後７０年、科学技術は飛躍的に進歩したがその一方で地球
　　　　　環境の課題が顕在化し、しかも近年一層深刻化し、世界は新
　　　　　たな分断に向かっていると感じる。人類は科学技術を社会に
　　　　　真に役立てるための知恵をいまだに十分に備えていない。

　　　　2．個人が自由で意欲的に活動する中で人類社会全体が安定性
　　　　　を保って発展するような「成長」が必要だ。例えば、国連
　　　　　の「持続可能な開発目標 SDGs.」などを参照すべき。

　　　　3．日本では一次産業の集約化が進まず、第３次産業（サービ
　　　　　ス産業）の生産性は低いままであり、都市と地方の格差は
　　　　　拡大し、また環境負荷は増大している。

　　　　4．デジタル革新 (Society 5.0) は下手をするとデータ独占社会、
　　　　　デジタル専制主義という未来になる恐れがある。今、まさ
　　　　　に分水嶺だ。

　　　　5．Society 5.0 でのエネルギー問題　デジタル革新は一方で電力
　　　　　需要を爆発的に増大させる危険がある。省エネ対策を今の
　　　　　ままと仮定すると日本でも世界でも２０３０年には、iT 関
　　　　　連機器だけで現在総電力の倍近くを消費する。２０５０年
　　　　　には総電力消費量が現在の２００倍になってしまう。

　　　　6．ヨハン・ロックストロームの唱えるグローバル・コモンズ（地
　　　　　球規模での人類の共通資産）の保護が必要。

　iT のエネルギー消費問題は私には驚きである。

　この章では科学技術を例として、問題というジャングルを歩く指針と
して

　1．科学と技術の違い　2．技術の歴史的観点からの本質的なものを
　そして　3．問題のジャングルは歴史的にどんなものだったのか

　4．私たちが切り拓くべきジャングルはどんなものなのか
をまとめてみた。

　システム理解でいちばん肝心なのは、どこまで遠い将来を見据えるかということである。近くしか見てないと大切なフィードバック・ループを見落とすことになり短期的な対策で終わってしまうので長期的な効果は望めない。遠い将来を見据えて対処できれば今の状況に影響を及ぼす重要なシステムがいろいろと見えてくる可能性がある。遠い将来を見通すことができればより大きなシステムを視野に入れることができる。

───────ピーター・センゲ　MIT教授

第9章
創造的な問題解決

　イノベーションに必要な創造は新しい、社会的に価値のあるものの創出である。そして「創造は問題解決より始まる」。つまり、問題解決がない限り創造的成果物は存在しえない。創造的な問題解決は、ゴールを明確に指示しない、どんなリソースを使うべきか、どんな情報を当てるべきか明確でなく、それ故に解の多様性につながる、即ち＜構造の理解しにくい問題＞への対応を意味する。（図32参照）

　創造性には4つの視点がある（141頁のコラム参照）。

　これはマーケティングの4P（Product,Price,Place,Promotion）ならぬ創造性の4P（Process,Person,Product,Press）つまり、プロセス、人、結果物、環境・文化であるが、ここではプロセスと人についてのみとしたい。

1．創造のプロセス

　先ず＜構造の理解しにくい問題＞の解決プロセスを思い出してみる。
表3（61頁参照）、表4（62頁参照）にあるように
　　1）問題の理解、表現　　問題の記述を読む
　　　　　　　　　　　　　　問題の存在を確認する
　　　　　　　　　　　　　　問題の特質を決める（問題の領域、構成など）
　　　　　　　　　　　　　　問題の要因の輪郭を描く
　　　　　　　　　　　　　　考えられるいくつかの問題構成を特定し明
　　　　　　　　　　　　　　確化する（問題の表現）
　　2）解答プロセス　　　　解答を生成
　　　　　　　　　　　　　　ベストな解答の選択
　　3）監視・評価　　　　　答えを評価し決定する、つまり、解答の生
　　　　　　　　　　　　　　成と選択を監視評価し妥当化の論理を展開
　　　　　　　　　　　　　　する
これが基本である。しかしこれで自動的に解答が見つかるわけではない。
　2020年5月に、ちくま学芸文庫でグレアム・ウオーラスの「思考
の技法」（松本剛史訳）が出版された。原書は約100年前のものであ
るが私にとっては待望の書である。
　これによると19世紀末にヘルマン・フォン・ヘルムホルツが、アイディ
アを思いつく3つの段階を（訳に従うと）、準備、培養、発現と提示したが、
アンリ・ポアンカレが検証を付け加えウオーラスが正式に記述したよう
である。ウオーラスのプロセスは
　　・準備期間（preparation）　　問題を検証し必要な知識を獲得する
　　・孵化期間（incubation）　　無意識の活動をしている休暇期間
　　・啓示期（illumination）　　アイディア創成、突然の解の出現
　　・検証期（verification）　　アイディアの有効性の確認
である。

A）準備期間

　上記の基本プロセスで言うと問題の記述を読む、問題の存在を確認する、問題の特質を決めるまでだろう。

　吉永良正は「ひらめきはどこから来るのか」（草思社）で準備期間を前半の「ショック期」と後半の「否認期」に分けている。準備期間中の前期は従来の概念では説明困難な事項や従来の理論では理解不可能な事項に対面するのでまだ事態の本質がつかめず呆然とした状態に陥り「ショック期」と呼ぶべきではないかという。

　後半はショックをもたらした事項に対してその解決の準備をする。しかし、そう簡単にはいかず、この状態だと解決困難のままで行き詰まってしまう。そうするとこれだけ考えているのにわからないのだから問題のほうが間違っているのではと疑いを持ちかねない状態になる。新しい事実に直面しながらそれを容認できないという意味で〔否認期〕という状態もあり得るとしている。

B）孵化期間

　やはり上記の基本プロセスで言うと、問題の要因の輪郭を描く、考えられるいくつかの問題構成を特定し明確化する（問題の表現）ことに当たる。

　孵化期間は混乱期でもあると吉永は言う。

　解決の糸口が見つからず問題への攻略を放棄あるいは中断している長い「孵化期間」は「ひらめき」を得た後でこそ、その名にふさわしいが「ひらめき」が起こるという保証はない。もしかしたら、そのままかもしれない。

　だからこの時期だけを見れば事実上は「混乱期」でもある。

C）啓示期

　解答の生成プロセスに当たるが、啓示期は解決への努力期でもある。ひらめきが起こる「啓示期」とは熟成された思考が新たな問題解決への

努力を促し立ち上げる時期、つまり「解決への努力期」である。

　ひらめきは混乱期から解決の努力期への転換をもたらす。

D）検証期

　検証期はまた受容期でもある。

　最後の「検証期」は当初のショックを克服して事態を新たな目線の下で見ることとなり、ものの見方や考え方の転換を受け入れる「受容期」と捉えてもよい。

2．発想とは？

　問題解決のところでも少し触れたが、「ひらめき」をどう考えるべきか？吉永によればそれは人間に特有な行動パターンやルールの組み替えの中で最も劇的で生産的なものが「ひらめき」だ。

　しかし、「ひらめき」が生まれる直前と直後で、頭の中にある情報や知識の量に大きな変化があるわけではない。同じ情報や知識がひらめきの瞬間を境にそれまでと異なった意味を持つようになる、つまり、ものの見方や考え方の転換、つまり価値の転換が起こったのである。問題の表現の再構成、これこそが「ひらめき」そのものなのだ。ただ、漠然と情報や知識を収集するだけでは意味がなくそれが意識の中で徐々に組み替えられ頭の中で適切な配置に並べ替えられていく、これが孵化期間であり配置換え、組み替えの期間となる。いわゆる発想法は、問題の再構成というべき、組み替え、配置換えの短縮化を目指すものだ。

　発想の原点は、対象をシンボル化、カテゴリー化、分離、一般化などだ。以下の３つの一般的な考え方が参考になるだろう。

1）既存の知識、概念、構造の応用

　目前の課題に既存の知識、概念、構造を応用することで、例を挙げれば法律家は既存の法律概念から最も有利になる対応案を創造的に（誰も

気が付かなかった、新しい解釈など）見つける。しかし新しい概念や法律を作るわけではない。既存の知識、概念、構造の範疇の中での創造的対応なのだ。

２）組合せ

　２つ以上の概念を組み合せて一つの新しい概念にまとめることである。

　既存の概念をまとめるだけでなく既存の概念の中において構成する要素を再構成することを実行するのである。

　ジェームス・ヤングは「アイディアのつくり方」（TBS ブリタニカ）でアイディア創成は既存の要素の新しい組合せ以外の何物でもないと述べている。

　ヤングの主張はコラムにまとめておいた。

３）類推の適用

　類推対象は課題の領域から同じ領域へのマッピングと全く異なる領域へのマッピングが考えられる。１）と同様、どちらも既存のスキーマを使うのだが１）は既存のスキーマをそのまま応用するかその変形によることだが類推は異なる内容、概念に変換することを意図しているのだ。

3．発想のプロセス

　発想は先述のように解答に至る問題の表現を「補助」するものであるが決して解答を直接的に教えるものではない。

　ヤングも組合せを発想する手順を述べているが決してこの手順で必ず見つかるものまではのべていない。孵化期間において我々が最後に解答を見つけなければならない。

　第１１章で工学的な問題に関する発想を補助する考え方について説明する。

4．孵化期間の意味

　準備期間になされた問題の表現、問題の構成をもとにして、孵化期間では「行き詰まり」と「再構成（restructuring）」を何回も繰り返す。この過程に新しい視点や解釈が入り aha! となる、つまり啓示期となる。孵化期間で必要なことは

　　暗黙の制限や制約条件を緩めたり解除したり

　　暗黙の仮定を認識しこれを超える

ことをしていなければ aha! に至らないのである。この行為によってのみ啓示期に至るのである。先に示した制約条件を緩める、チャンクを分解することと同じである。

　孵化期間は制約条件や暗黙に設定しがちな仮定との戦いなのだ。自分はどの仮定あるいはどの制約条件で行き詰まっているのか自問することだ。それによって新たな組み換え新たな表現が生まれるかどうか？ということである。

　その意味では、世にあまたある発想法は、よく考えてみると、暗黙の制限条件や仮定を外させる手法と考えられる。アイディアのベースである。ヤングの組合せによるアイディアの創生も無意識にこれらを忘れさせることでもあるのではないか。つまり、直接的にゴールを目指すことなく、ゴールを意識することなく、先ずは組み合わせを検討することによって、自分を縛る仮定や制約条件を克服することに着眼することを示唆している。

　以下の問題でその意味を感じられるだろうか？

＜例　「６角形の問題」＞

　１２個のコインがある。これらを６角形の各々の辺が４つずつ持つように並べよ。

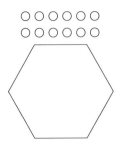

＜　図　３０　＞

＜例　｛8本のマッチ棒｝　＞

　左図の中の３本のマッチ棒を動かして右図のようにしなさい。

＜　図　３１　＞

５．創造する人は発想する人でもない、答えを見つける人だ

　創造性は一部の特殊な人にあるものではない。人皆にあるものだ。

　創造的であるためには、ひらめきであろうがなんであろうが新しいアイディアを生み、そのアイディアを他の人に売り込まねばならないことを心に決めねばならない。以下の手順で進めることになる。

　１）問題を再定義

　２）仮定を疑問視し解析する

　３）創造的アイディアを生むことに努める

４）知識は創造性を助けることもあるが妨げることもあることを知る

５）制約を特定し克服する

６）妥当と思われるリスクはとる

７）曖昧さを許容する

８）自分を信じる

９）アイディアの熟成を

１０）失敗を許容する

１１）相助、協力を惜しまない

１２）他の人の視点で物事を見る

１３）失敗も成功も自分の責任と心得る

１４）環境との融和を最大限務める

１５）喜び、満足は後にする

１６）創造的なアイディアはおのずと理解されると思うな！売れ！

　西堀榮三郎は「ものつくり道」（ワック株式会社）で逆説的に以下の様に記している。

　「頭の良い人は合理的で自分を世界の状況に適合させる。頭の悪い人はというかあまり合理的でない人は自分を世界に合わせようと試みない。だからすべての発展・進歩は頭の悪い人というか、合理的でない人によっている。普通に考えればこの世の中には常識的な人が多く、しかも少しでも常識から外れようとすると、批判し、足を引っ張り、挙句の果てに「バカ」「狂人」にしてしまう。」と。ここがイノベーションの難しいところだ。職場などの環境がいわゆる常識人ばかりでは、なかなかの障壁となる。しかしよく考えてみると常識的なものがイノベーションとなるわけがない。

　数知れぬ地層観察とたぐいまれな洞察力で、ダーウィンに先んじて聖書の世界観を覆す発見をしたウィリアム・スミスは地質学の父と呼ばれるが、波乱の人生であった。最後は認められ幸せな人生で終わったが競争相手の仕打ちで苦衷を味わった。ニュートンとフックとの関係とか人

間臭い話は山とある。

　アップル社のスティーブ・ジョブズの成功した秘訣はニューズウィークによると、以下の7つとされている。（実は8つ言われているが関係ないと思われる1項目は外した。）

　　1）完全主義

　　2）専門家を叱咤激励する

　　3）冷徹である

　　4）学習を止めない

　　5）単純化する

　　6）秘密主義

　　7）チームは出来るだけ小さく

またロジャー・スミスはこう書いている。「NULIUS IN VERBA」英語では「Take nobody's word for it」つまり、日本語では ｛誰の言うことも信じるな｝ からイノベーションが生まれる。歴史を見れば、皆が３００年以上信じたニュートン力学がアインシュタインの一般相対性理論に書き換えられた。NULIUS IN VERBA! である。

　DEC というコンピュータ会社の創立者ケン・オルソンが１９７７年に述べた有名な言葉は「個人が家庭でコンピュータを持つ理由なんぞあり得ない」。しかしスティーブ・ジョブズやビル・ゲイツらがパーソナルコンピューターを創造し、今や人は家庭にコンピューターを所持し生活を向上させている。NULIUS IN VERBA!

　極端だがイノベーションの本質は「誰の言うことも信じないこと」にある。それがイノベーションの歴史である。イノベーションはイノベーションによって書き換えられる。

　非常識が非常識によって書き換えられるのだ。常識によって書き換えられるのではないのだ。

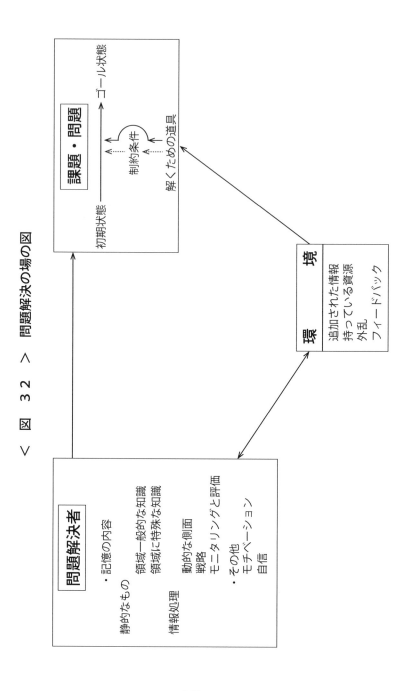

< 図 32 > 問題解決の場の図

課題・問題

初期状態 ──→ ゴール状態

制約条件

解くための道具

環境

追加された情報
持っている資源
外乱
フィードバック

問題解決者

静的なもの
・記憶の内容
　領域一般的な知識
　領域に特殊な知識

情報処理
　動的な側面
　戦略
　モニタリングと評価
　・その他
　モチベーション
　自信

コラム：創造性に関する4つの視点

4つの視点 (メル・ローズ)

1．プロセス　　　　4つのステップ (グラハム・ワラス)
　　　　　　　　　　　1．準備期間
　　　　　　　　　　　2．孵化期間
　　　　　　　　　　　3．啓示期
　　　　　　　　　　　4．検証期

2．創造の成果物　　専門家や需要者が評価

3．創造する人　　　J．P　ギルフォードによる
　　　　　　　　　　　1．思考の流暢性
　　　　　　　　　　　2．思考の柔軟性
　　　　　　　　　　　3．思考の独創性
　　　　　　　　　　　4．思考の緻密性

4．環境からの圧力　自由な思想、人と異なる考え方が
　　　　　　　　　　歓迎される組織

コラム：アイディアの作り方（ジェームス・ヤング）

　ギリシャの自然哲学者デモクリトスは物体はそれ以上分解できないアトムの組合せ以外の何物でもない、従い変化とはこのアトムの組み合わせが変わることだといっている。これからの発想なのか広告宣伝を生業としたジェームス・ヤングもアイディア創成は既存の要素の新しい組み合わせ以外のなにものでもないと言っている。（ジェームス・ヤング　TBS ブリタニカ）

　ジェームス・ヤングによると、「アイディアの作成は自動車の製造と同じ様に一定の明確な過程であり、アイディアの製造過程も一つの流れ作業である。道具を効果的に使う場合と同じ様に以下のような技術を修練してこれを有効に使いこなすことが秘訣である。」と述べている。

1．アイディア作成の基礎となる一般原理

＜原理1＞

　アイディアとは既存要素の新しい組み合わせ以外のなにものでもない。これがアイディア作成に関する最も大切なこと。

＜原理2＞

　既存の要素を新しい一つの組み合わせに導く才能は事柄の関連性を見つけ出す才能に依存するところが大きい。だから事実と事実の間の関連性を探ろうとする習性もアイディア作成に大切なものとなる。

2．アイディアを作成する手順

＜資料集め＞2種類必要
　1　特殊資料　当面の課題のための資料
　2　一般資料　一般的知識の蓄積をたえず豊富にするための資料

＜資料に手を加えて自分のものにする＞
＜孵化段階＞　意識の外で何かが自分で組み合わせの仕事をするのに任せる
＜アイディアの実際の誕生＞　分かった！見つけた！という段階
＜現実の有用性に合致させるために最終的にアイディアを具体化し展開する＞
　この段階では理解ある人の批判を仰ぐことである。良いアイディアは自分で、成長する性質をもっている。良いアイディアはそれを見る人に刺激を与えるのでその人たちがそのアイディアに手を貸してくれるので自分が見落としていたそのアイディアの持つ種々の可能性がこうして明らかになる。

3．資料収集の考え方

3－1．特殊資料
　「ボヴァリー夫人」という小説を書いたフローベルがモーパサンに小説を書く勉強として進めたプロセスがこの特殊資料の集め方を的確に物語る。「パリの街頭に出かけて行きたまえ。そして一人のタクシーの運転手をつかまえることだ。その男には他のどの運転手とも違ったところなどないように君には見える。しかし君の描写によってこの男がこの世の中のどの運転手とも違った一人の独自の人物に見えるようになるまで君はこの男を観察研究しなければならない。観察することはとりもなおさず資料を集めることである。ふつうは大抵この知識を習得する過程であまりに早く中止してしまう。表面的な相違がほとんど目立たないような場合、そこに何ら相違点がないとすぐ決めてしまう。しかし、充分深く、あるいは遠くまで掘り下げていけばほとんどあらゆる場合にアイディアを生むかもしれない関係の特殊性が見つかるものだ。

3－2．一般資料
　これが大切ということは先述の原理つまりアイディアとは要素の新しい組み合わせ以外のなにものでもないという原理から来る。

３－３．資料に手を加える

　これは一つの資料をあっちに向けたりこっちに向けたり違った光の下で眺めてみたりしてその意味をさがしもとめること。

３－４．資料の量

　８０：２０の法則によれば読まなければならない本が１００冊あったとしても８０：２０の法則によればその上位２０％にあたる本を読めばその問題全体の８０％を理解したことになる。

　ところで、ヤングの本ではグレアム・ウオーラスの「思考の技法」（ちくま学芸文庫）を参考にしたと最後に記している。参考のため比較してみた。

「思考の技法」	「アイディアの作り方」
・準備期間	・資料集め 　資料に手を加えて自分のものにする
・孵化期間	・孵化段階 　意識の外で何かが自分で組み合わせの 　仕事をするのに任せる
・啓示期	・アイディアの実際の誕生 　分かった！見つけた！という段階
・検証期	・現実の有用性に合致させるために最終 　的にアイディアを具体化し展開させる

　問題解決の論理からいえば特殊資料は問題領域の知識であり、一般資料は領域外の知識を示唆している。資料に手を加えて自分のものにするとは、２つの資料を分析して構造化するということ。

　それでは、組み合わせとは？

「ものつくり道」（西堀栄三郎　ワックス社）に以下の説明がある。

「突き詰めていくと。情報は並び方ということだ。例えば、アルファベットのA,C,Tの３文字の並べ方は６通り（ACT,ATC,CAT,CTA,TAC,TCA）あるが意味を持つのはACT（行動）CAT（猫）ぐらいだ。かくのごとく文

章は文字の並び方である。そして、これがある一定の法則の下で並んだ時にだけ意味が生じる。突き詰めれば宇宙も自然もすべて並び方によって支配されている。」中国の人民大会での席の並び方も重要な意味を持っているのもそのようなこととテレビのニュースを見てわかる。

　また、複雑系理論で著名なブライアン・アーサーは「テクノロジーとイノベーション」で組み合わせはほぼ無限にあるのでアイディアは無限と言っている。ただし意味ある組み合わせでなかればならない。

しばしば、人は現にあるものを見て、なぜこうなのだろうと問う。

しかし私はまだ見ないものを夢見て、何故ないのだろうと問う。

ロバート・ケネディ（米国の政治家）

第 10 章
イノベーションと発明

１．発明とイノベーション（発明家と事業家）

　第６章でイノベーションとは何だろうと概略を説明した。３つの要素があり

　第１に発明あるいは新しい独創的な問題への対応

　第２に事業化

　第３に市場での成功

である。

　第１の要因について西堀は、以下のように言っている（「ものつくり道」）。

「問題の解決において常識的に考えて不可能ならその不可能を可能にするためには非常識に考えるほかない。つまり創造性とは、従来、常識と考えられている事とは違う非常識でやるということとなり＜非常識のものを考える＞ことであるので並大抵のことではない」として、さらに「非常識な発想がものになるには、それをするバカといわれる人と、それを育てる大物が表れてこなければならない」としている。

　それにしてもイノベーションに対してなぜ発明だけではダメなのかについて説明するのに格好な話がある。

　アップルコンピュータのアップル社を作り上げたのは二人のスティー

ブという話はあまりよく知られていないのではないのか。一人は勿論ス
ティーブ・ジョブズであるが、もう一人のスティーブはスティーブ・ウ
オズニアックである。彼は技術屋で、アップルⅠ、アップルⅡを開発し
た。歴史においてこれは、パーソナルコンピュータの最初の一つである
ことは言うまでもない。一方スティーブ・ジョブズはビジネスマンであ
り、類まれなるそのマーケティング能力によってこの発明品を市場での
成功に導き大量に販売できた。

　不幸なことにこの二人の関係は良くなく、ウオズニアックは「ジョブ
ズは世界を変える夢を追う人でなく、他の人のアイディアをうまく使っ
て金儲けができるマーケティングに対する直観力があるだけの男だ」と
強調した。しかしながら今やジョブズはアップルの成功の立役者であっ
たと評価されている。一方ウオズニアックはジョブズの栄光の影に潜む
ままである。

　発明は今まで存在しなかった斬新な方法で斬新なアイデアによるモノ
を生み出す行為だ。

　だが、すべての発明が未開の地を開くように成功するものでもない。
歴史を振り返れば多くの残骸をみる。すべての発明が世界を変えたとい
うことではないのである。

　発明が多くの人に受け入れられ多くの人の生活を変化させるためのも
のになるとそれがイノベーションに他ならなずそれには事業家を必要と
する。イノベーションは成功裏に大量に市場に提供され大量に販売され
た発明と言えるだろう。発明家は発明の父であるが、事業家はイノベー
ションの父である。時にはトーマス・エジソンのように発明家であり事
業家であった例もあるが、すべての発明家が上手に事業化できるビジネ
スマンになかなか為れないことは驚くにあたらないだろう。

　事業家は何をしなければならないか？事業家は何が、いつ、どうして
おおぜいの人がそれを欲するか展望し最良のモノを可能な限りの値段で
提供するというリスクを取らねばならない。うまく当たれば大きな利益
を出し、間違っていれば大きな損失となる。

　アップル社の話に戻れば、ウオズニアックは発明家であり確かにアップルコンピュータを実現させたが、ジョブズという事業家なしにはアップル社の市場での成功はなかった。先に述べた３つの要因のうち１はウオズニアックによるが２と３はジョブズによるものであろう。結論は発明家と事業家がイノベーションには必要だということで彼らの努力で市場に受け入れられ成功して初めてイノベーションとなるということだ。

　先述の西堀の話もバカと大物という視点でではあるが同じ話であろう。

　しかしよく考えるまでもなく、発明なくしてイノベーションはない。発明家なくしてそれに関する事業家なし、また事業家なくしてその発明はイノベーションとならない。ということでウオズニアックはそれなりに評価されるべきなのではないか。

　また、日本にも二人のジョブズが必要であり、二人を平等に評価する環境の整備もこれから重要だ。発明なくしてイノベーションなく、起業家あるいは事業家なくしてイノベーションはないのだ。

２．グローバル・イノベーション・インデックス

　WIPO（世界知的所有権機関）は毎年世界１３１国のイノベーション能力を分析しその結果を「グローバル・イノベーション・インデックス」としてランキング表示している。

　２０２０年度は９月２日に発表された。このランキングは８０項目のデータでの総合ランキングだが、「法規制」「人材・研究」「インフラ」「クリエイティブ産出」などの項目からなる。１位：スイス　２位：スエーデン　３位：米国　４位：英国　５位：オランダ　６位：デンマーク　７位：フィンランド　８位：シンガポール　９位ドイツ　１０位：韓国となっており、日本は昨年より順位を一つ落とし２０２０年度は１６位である。アジア地域ではシンガポール、韓国、香港 (11 位)、中国（14 位）

よりも下位である。人材・研究やクリエイティブ産出の順位が低く、大学や大学院の高等教育、イノベーションへの全体投資額がその要因であり、「教育と投資の面でイノベーションの促進に関して遅れを取っている」ことを示唆している。教育も一種の投資であることを強調しておきたい。

　また、やや古いデータではあるが世界各国の事業を起こす起業家の比率を日経新聞がまとめているが日本の比率の出遅れは顕著のようだ。

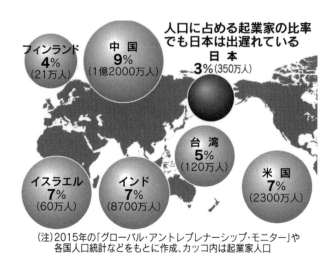

<　図　3 3　>

３．市場を構成する人

　AT カーニーによると、同社は「ゼネレーションＺ」と呼ぶ世代に着目している。世代別にみると世界の人口比で最大の世代で２０１８年度で２３億人いると言っている。次頁の図に示すように世代を６つに分けたときの最大の世代（ゼネレーション）である。彼らを象徴する６つの価値観も示しており

　１．デジタルネイティブ　小規模で閉じたコミュニティーを通じてコンテンツを共有する

2．寛容　　　　　人種や性別の違いを超えてユニーク＝クールと考える

3．責任感　　　　世界的な景気後退を経験し勤労意識が高い

4．独学による教養　情報に自らアクセスし教養と先見性を獲得する

5．企業家精神　　革新的ビジネスの創業者にあこがれる

6．社会的意識　　社会を変えるような精神と勇気を重要視する

世界市場をターゲットにするのならば着目しておかねばならないだろう。

　また、日本人のこの層が上記の5．6．を世界に負けずに持つように育てるべきだし育ってほしい。そうでないと更に世界に置いて行かれる恐れが増加する。

　国内ではテレビを見ていて感ずることだが、高齢化が進みこの階層へのコマーシャルの多さには驚く。死亡保険、若く見せるための化粧品、薬、かつら、などである。

　また高齢層をターゲットとした詐欺などの犯罪も日本の市場構成を示唆している。

　あまり画期的なものを受け入れ可能性が低い層をターゲットとしている事にはそれなりの創意工夫はあるにしても危惧するものである。

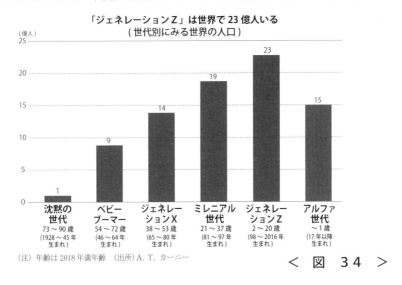

「ジェネレーションZ」は世界で23億人いる
（世代別にみる世界の人口）

（注）年齢は2018年満年齢　（出所）A．T．カーニー

＜　図　３４　＞

< 写真 1 > 二人のスティーブ
　　　　左がスティーブ・ウオズニアック　右がスティーブ・ジョブズ

（セゾンカードの［express］（2020.Septemmber より転載）

< 写真 2 > スティーブ・ジョブズとアップル社の業績、主な動き
（日本経済新聞　２０１６年１２月２５日　掲載）

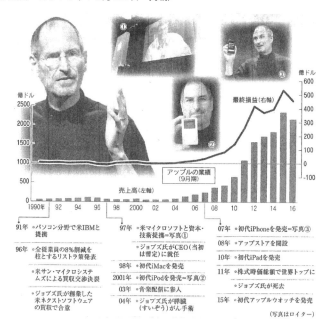

91年 ○パソコン分野で米IBMと
　　　提携

96年 ○全従業員の8%削減を
　　　柱とするリストラ策発表

　　　○米サン・マイクロシステ
　　　ムズによる買取交渉決裂

　　　○ジョブズ氏が創業した
　　　米ネクストソフトウェア
　　　の買取で合意

97年 ○米マイクロソフトと資本・
　　　技術提携＝写真①

　　　○ジョブズ氏がCEO（当初
　　　は暫定）に就任

98年 ○初代iMacを発売
2001年 ○初代iPodを発売＝写真②
03年 ○音楽配信に参入
04年 ○ジョブズ氏が膵臓
　　　（すいぞう）がん手術

07年 ○初代iPhoneを発売＝写真③

08年 ○アップストアを開設

10年 ○初代iPadを発売

11年 ○株式時価総額で世界トップに

　　　○ジョブズ氏が死去

15年 ○初代アップルウオッチを発売

（写真はロイター）

コラム：イノベーションの5つの力

　先にイノベーションの伝道師と言われたハーバード大学のクリステンセン氏が逝去されたことは述べたが、彼はイノベーションを生む5つの力として以下を指摘している。

　1．問題解決のために新しい質問を生み出す力

　2．周りの世界を注意深くみて物事の仕組みを観察する力

　3．多様な背景や視点を持った人たちと出会いつながる力

　4．現実の世界を舞台にアイディアを実践検証する力

　5．知識分野や産業、地理を超えた意外な結びつきを生み出す力

　1をベースとして2から5まではヤングの言う組み合わせ的な発想あるいは構造分析的発想に思える。

　神戸大学教授の三品和広教授は週刊東洋経済 (2018.6.30) で競争の軸を変えるイノベーションに触れている。米アマゾンネットが物販事業をクラウド事業と組み合わせた例やグーグルの検索エンジン事業と広告事業を組み合わせた事例、オールドエコノミーでの米 GE のジェットエンジン事業と航空機リース事業を組み合わせてジェットエンジン価格の買いたたかれによる下落を緩和している例などを例として挙げている。組み合わせである。

　最近のドローンの多方面での応用や、3次元プリンターの応用展開なども組み合わせであろう。

形式的な論理の世界では矛盾は敗北のしるしだ。
しかし現実の世界での知識を発展させていく過程
では矛盾は勝利への最初の一歩である
　　　　　アルフレッド・ノース・ホワイトヘッド

第11章
技術的な問題の革新的な解決法（TRIZ）

1．TRIZ

　技術的な問題を解決し、それが発明につながりやすい方法として、当時ソ連（現在ロシア）のアルトシュラー等によって開発されたのが、TRIZ（ロシア語の発明的問題解決法の頭文字をつなげたもの）である。1945年代になされている。

　アルトシュラーはその著「And Suddenly the Inventor Appeared(Technical Innovation Center,inc.)」で以下のように書いている。

　技術の発展を見ると独自の性向と法則を持っている。それ故に同じ問題に対して、各国で各国の技術者が別々に同じ答えにたどり着いている。この傾向を把握すれば技術の問題を解決できるし無用な時間を消費せずに済む、と。

　つまり
「すべての工学システムは同じ規則によって進歩している。この規則を使って効率的な問題解決ができる。」

　それはグローバル時代のはるか以前に各国の特許を調べたのちの結論なのであるが、グローバル時代となった現在でも未だに正しいと思える。ということは、現在でも使える方法だということを意味する。

先述したように、TRIZ は過去の特許データを分析し、パターンをいくつかに集約して体系化したものである。そこで発見したことは

　　１）工学システムはいろいろな種類の矛盾を解消することを通じて進歩してきた。

　　２）すべての発明問題は、新しい必要事項と、もはやそれらの必要事項に対応できない元のシステムのパラメータの間の矛盾を表現している。従い発明的な解決策は（トレード・オフでなく）この矛盾を解消することを意味している。

　TRIZ はこれら上記の認識から矛盾の解消という視点で技術的な問題の解決法をまとめたものである。

2．相反と矛盾

　技術開発の結果としての成果物はシステムと考えてよいだろう。そこで、あるシステムの一部を変更すると、そのシステムの他の部分に悪い影響を与えることが頻繁にある。だから、システムの一部の改善はシステムの他の部分や隣接するシステムに害を与えるという技術的な相反をしばしばもたらす。

　つまり、一般的な表現をすると

「あるシステムにおいて、ある特性 A を改良しようとすると、ある特性 B が悪化してしまう。つまり、A と B は相反する特性となる。」

　そして、もう一歩進めると

「あるシステムにおいて、ある特性 A を改良しようとすると、"ある要素" がある特性・特性値をもたねばならないが、しかし一方で、特性 B を改良するためには、その同じ "要素" は A のためとは逆の特性・特性値を持たねばならない。」

という表現もできる。A ,B 双方に関連する "要素" がはいってきている。これを「物理的矛盾」と呼ぼう。

　先の「技術的相反」は、通常システム全体、あるいはシステムのいく

つかの部分に関係しているが、「物理的矛盾」はシステムの一つの部分だけに関連する。つまり、「技術的相反」の真ん中に「物理的矛盾」が隠れている。逆に言えば「物理的矛盾」から「技術的相反」がもたらされる。

　発明の目標、あるいは問題の解決策はシステムの特性の改良なのだから、特性Aを改良し、なお且つ悪化してしまうおそれのある特性Bを悪化させないという「技術的相反」事項を解消することを必要とする。そのためにはA,B双方に関連するある要素に対処せねばならないことになる。

　つまり、発明的な解決策は以下の2つの事項を必須としている。
　1）該当するシステムの一つの部分あるいは一つの特性の改良をする。
　ただし
　2）そのシステムあるいは隣接するシステムのほかの部分、またはその特性を害しない（改悪しない）
こと。
　結果として上記の2項目は「物理的矛盾」の解消を示唆しているのである。

3．プロセス

　この原理はいろいろな工学領域の解決策（矛盾解消策）を抽象化して体系化したものである。
　TRIZは後述するように「39のパラメータ」「40の発明原理」「39×39の矛盾マトリクス」で構成されているが、問題解決のプロセスとして単純な図解をすると次のようになる。

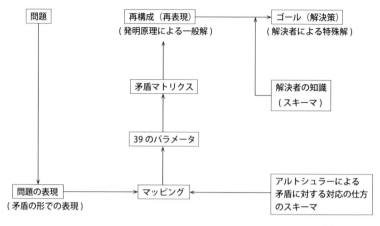

＜　図　３５　＞

　この図で注意したいのは、これにより示された 40 の発明原理の幾つかの抽象解から、自分の知識により意味のある具体的な解決策にせねばならないことである。

4．TRIZ の要素

　TRIZ で解析された発明（正確には特許）は、矛盾を持った問題とその矛盾を解決した解決策を汎用化のために抽象化してグループ化したものである。つまり、どんな矛盾をどんな技術的手法で対処したかを解析しまとめてものである。先述したように TRIZ は
「39 のパラメータ」と
「40 の発明原理」そして
「39 × 39 の矛盾マトリクス」
からなる。
　39 のパラメータは矛盾を表すための、重量、大きさ、形状などの物理量である。言わば TRIZ 用語である。従い解決者は自分の課題・問題の特性値をこの３９のパラメータに当てはめる。つまりマッピングをせねばならない。自分の課題・問題を TRIZ を使うために翻訳する必要がある。

　39 × 39 の矛盾マトリクスは、やや一般化された 39 のパラメータの相対する物理的矛盾としてその対策を選別された 40 の発明原理（対応策）にまとめている。先述したようにすべての技術問題は矛盾を含んでいて、39 のパラメータでよくなる点と悪くなる点を決めて矛盾マトリクス上で表現する。交絡点に示されている発明原理が一般解となる。

　その適用手順は以下の様になる。

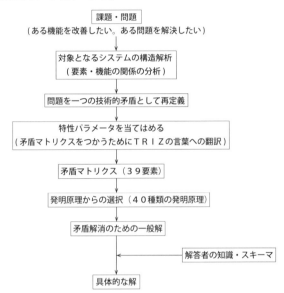

＜　図　　３６　＞

＜　写真　３　＞　Ｇ．アルトシュラー

（And Suddenly the Inventor Appeared, Technical Innovation Center, INC，より）

付１）TRIZ におけるパラメータ

　この３９のパラメータは TRIZ の矛盾マトリクスを使用するために、自分の課題をこのパラメータにマッピングし直すためのものに他ならない。

　これらは解決策を考えるための対象となる特徴的な選択された 39 の矛盾マトリクスの項目でもある。

分類	No	パラメータ	分類	No	パラメータ	分類	No	パラメータ
重量	1	移動物体の重量		17	温度	精度・バラツキなど	27	信頼性
	2	静止物体の重量		18	輝度		28	測定精度
大きさ	3	移動物体の長さ	エネルギー	19	移動物体のエネルギー消費（動く物体が使うエネルギ）		29	製造精度
	4	静止物体の長さ		20	静止物体のエネルギー消費（不動物体が使うエネルギ）		30	物体が受ける有害要因（物体に働く有害要因）
	5	移動物体の面積		21	パワー（動力）		31	物体が発する有害要因（悪い副作用）
	6	静止物体の面積	無駄など	22	エネルギー損失		32	製造の容易さ
	7	移動物体の体積		23	物質損失		33	操作の容易さ
	8	静止物体の体積		24	情報損失	効率性など	34	修理の容易さ（保守の容易性）
強さと安定性	9	速度		25	時間の無駄（時間の損）		35	適応性または融通性（順応性）
	10	力（強度）		26	物質の量		36	装置の複雑さ
	11	応力または圧力					37	検出と測定の困難さ（制御の複雑さ）
	12	形状					38	自動化のレベル
	13	物体の組成の安定性					39	生産性
	14	強度						
	15	移動物体の動作時間（動く物体の動作の持続性）						
	16	静止物体の動作時間（不動物体の動作の持続性）						

< 表 6 >

付２）矛盾マトリクス

　解決すべき問題あるいは課題は上記のパラメータで表現すると解決のためによくしたいパラメータとその結果悪化するパラメータとの 39×39 のマトリクス表となる。その矛盾する交点に発明原理の番号が記されている。これが TRIZ が示す一般解の例である。

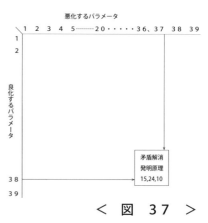

< 図 37 >

矛盾マトリクスの実例（革新的課題解決法：長田　洋ほかより、日科技連）

G．アルトシュラー版　「技術矛盾マトリックス（Contradiction Table）」[7]

良化したい特性 ＼ 悪化する特性	1 動く物体の重量	2 静止物体の重量	9 速度	10 力（強さ）	11 応力・圧力	12 形状	13 物体の組成の安定性	14 強度	39 生産性
1 動く物体の重量			02,08,15,38	08,10,18,37	10,36,37,40	10,14,35,40	01,35,19,39	28,27,18,40	35,03,24,37
2 静止物体の重量				08,10,19,35	13,29,10,18	13,10,29,14	26,39,01,40	28,02,10,27	01,28,15,35
3 動く物体の長さ	15,08,29,34		13,04,08	17,10,04	01,08,35	01,08,10,29	08,15,34	08,35,29,34	14,04,28,29
4 静止物体の長さ		35,28,40,29		28,10	01,14,35	13,14,15,07	39,37,35	15,14,28,26	30,14,07,26
5 動く物体の面積	02,17,29,04		29,30,04,34	19,30,35,02	10,15,36,28	05,34,29,04	11,02,13,39	03,15,40,14	10,26,34,02
6 静止物体の面積		30,02,14,18		01,18,35,36	10,15,36,37		02,38	40	10,15,17,07
7 動く物体の体積	02,26,29,40		29,04,38,34	15,35,36,37	06,35,36,37	01,15,29,04	28,10,01,39	09,14,15,07	10,06,02,34
8 静止物体の体積		35,10,19,14		02,18,37	24,35	07,02,35	34,28,35,40	09,14,17,15	35,37,10,02
9 速度	02,28,13,38			13,28,15,19	06,18,38,40	35,15,18,34	28,33,01,18	08,03,26,14	
10 力（強さ）	08,01,37,18	18,13,01,28	13,28,15,12		18,21,11	10,35,40,34	35,10,21	35,10,14,27	03,28,35,37
11 応力または圧力	10,36,37,40	13,29,10,18	06,35,36	36,35,21		35,04,15,10	35,33,02,40	09,18,03,40	10,14,35,37
12 形状	08,10,29,40	15,10,26,03	35,15,34,18	35,10,34,40	34,15,10,14		33,01,18,04	30,14,10,40	17,26,34,10
13 物体の組成の安定性	21,35,02,39	26,39,01,40	33,15,28,18	10,35,21,16	02,35,40	22,01,18,04		17,09,15	23,35,40,03
14 強度	01,08,40,15	40,26,27,01	08,13,26,14	10,18,03,14	10,03,18,40	10,30,35,40	13,17,35		29,35,10,14
15 動く物体の動作時間	19,05,34,31		03,35,05	19,02,16	19,03,27	14,26,28,25	13,03,35	27,03,10	35,17,14,19
16 静止物体の動作時間		06,27,19,16					39,03,35,23		20,10,16,38
17 温度	36,22,06,38	22,35,32	02,28,36,30	35,10,03,21	35,39,19,02	14,22,19,32	01,35,32	10,30,22,40	15,28,35
18 照度	19,01,32	02,35,32	10,13,19	26,19,06		32,30	32,03,27	35,19	02,25,16
19 動く物体のエネルギー消費	12,18,28,31		08,15,35	16,26,21,02	23,14,25	12,02,29	19,13,17,24	05,19,09,35	12,28,35
20 静止物体のエネルギー消費		19,09,06,27			36,37		27,04,29,18	35	01,6
39 生産性	35,26,24,37	28,27,15,03	28,15,10,36	10,37,14	14,10,34,40	35,03,22,39		29,28,10,18	

注）　セル中の数字は 40 の発明原理の番号

< 表 7 >

付3) 40 の発明原理

矛盾マトリクスの交点にある推奨される発明原理は通常複数ある。どれを選択するかは解決者による。40 の発明原理は以下のようにそれぞれ番号が付いていてその番号が矛盾マトリクスの表の交点に記載されている。

	発明原理		発明原理
1	分割原理	21	高速実行原理
2	分離原理	22	"幸い転じて福となす"の原理
3	局所性質原理	23	フィードバック原理
4	非対称原理	24	仲介原理
5	組み合わせ原理	25	セルフサービス原理
6	汎用性原理	26	代替原理
7	入れ子原理	27	"高価な長寿命より安価な短寿命"の原理
8	つりあい原理	28	機械的システム代替原理
9	先取り反作用原理	29	流体利用原理
10	先取り作用原理	30	薄膜利用原理
11	事前保護原理	31	多孔質利用原理
12	等ポテンシャル原理	32	変色利用原理
13	逆発想原理	33	均質性原理
14	曲面原理	34	排除／再生原理
15	ダイナミック性原理	35	パラメータ変更原理
16	アバウト原理	36	相変化原理
17	他次元移行原理	37	熱膨張原理
18	機械的振動原理	38	高濃度酸素利用原理
19	周期的作用原理	39	不活性雰囲気利用原理
20	連続性原理	40	複合材料原理

＜ 表 8 ＞

付４）40 の発明原理の概略

　ロシア語から、英語、英語から日本語になっているので念のため英語を付け加えておく（英語は Simplified TRIZ ほかより、日本語は革新的課題解決法：長田を参照した）。

１．分割（Segmentation,Fragmentation）
　対象物あるいは対象システムを相互に独立した部分に分ける。
　対象物を容易に分解できるようにする。分解度を上げる（たとえば分子レベルまで）。

例）消火のための水は多ければ多いほど効果があるが、水による家財道具の損傷も火より大きいとされる。そこで水を細かい水滴に分割して放水すると消火能力も向上し家財道具への損傷も少なくできる。
　　エレクトロニクス製品のリモコンは操作機能を本体から切り離すことで利便性を向上させた。

２．分離 (Separation,Taking out,exracting)
　必要な部分あるいは必要な特性だけを分離する。
　あるいは邪魔となる部分や特性を取り除く。

例）エアコンの騒音を避けるため騒音源のコンプレッサーを屋外に設置する。
　　ヘッドホンから耳カバーを取り除いたものがイヤホン。

３．局所的性質（Local quality）
　対象物の構造を異なる場所にそれぞれ異なる特性や影響を与えるように変える。

例）金属の浸炭焼入れ、冷蔵庫で部分、部分で温度を変えて冷凍用、冷蔵用の部分を作る。

４．非対称（Symmetry change,asymmmerty）
　対称形の物体あるいはシステムを非対称の物体システムに置き換える。もしすでに非対称ならさらにその非対称度を上げる。

例）コンクリートミキサーやケーキミキサーの羽は非対称。その他、バカ除けで非対称とする。後述の例題で示したボーイング737のエンジンの空気取り入れ口の拡大。

右利き、左利き用のスポーツ器具

5．組み合わせ（Merging）

相似た対象や同一対象物の合体を空間的あるいは時間的に実施する。

例）遠近両用メガネ、半導体の集積回路など

6．汎用性（Multifunctionality,universality）

対象物や対象システムの部分が複数の機能を持つようにし、部品数やその作用を減らしながらもがその機能は保持する。

例）スクリーンに複数のテレビ局の映像を同時に映し出すピクチャー・イン・ピクチャー・テレビ

風呂敷

7．入れ子構造（Nested doll）

ロシアの民芸品のマトローシュカのような構造とする。

例）ラジオのアンテナ、講演で使うポインター。

8．釣り合い（Weight compensation,Anti-weight）

対象物や対象となるシステムの重量を埋め合わせるために（補償するために）持ち上げてくれる他の対象物に合体する。

外の環境（空気力、水力、浮力、磁力などの力を利用するために）と干渉して対象物の重量を補償する。

例）飛行船、潜水艦のエアータンク

工場内のバランサー

9．先取り反作用（Preliminary counteraction）

効果を与えるもの、害を与えるもの双方に必要だ。

ある作用の実行のために事前に反作用を与える。害の場合は問題の発生する前に事前にその芽を取り除くこと。

例）板金加工の曲げ加工でのスプリング・バックに対しての寸法などでの対処。

北部での冬期に車のエンジンを電気ヒーターで温めておいてから始動する。

（凍結したエンジンオイルで始動するとエンジンが損傷する）

１０．先取り作用（Preliminary action）

　必要となる前に、全体あるいは部分的に対象物や対象となるシステムに必要とされる変化をさせておく。それにより最も良い場所で、時間の損失なくできるようにする。

例）パッケージに前もってミシンを入れておき開けやすくする。

　　インスタントラーメン。プレハブ住宅。あらかじめ糊を塗布した封筒

１１．事前保護（Beforehand compensation）- リスクのバックアップを考えておく

　事前対策を講じて対象物や対象システムの低い信頼性を補償する。

例）自動車のエアーバッグ。ボイラーの安全弁。パーソナルコンピュータのバックアップ。

１２．等位性、等ポテンシャル（Equipotentiality）- 力やエネルギーの保存、潜在能力

　重力環境の中で、対象物の上げ下げが不要なように作動状態を変更する。

例）バランサー。

１３．逆発想（The other way around）- 反対にする、問題をチャンスと考える

　指示された作動とは反対の作動を実施する。（加熱する代わりに冷却する。上下反対にする、動かない部分を動かす）

例）ファーストフードでなくスローフード。工場における瓶の清浄方法は瓶をさかさまにして水を注入する。（水は自然落下する）

１４．曲面（Curvature increase）- 立体的にする、遠心力の活用

　直線や平面的考え方から立体的な発想に変える。曲面的に考える。

例）白熱灯のフィラメントは当初直線であったがコイルにして効率が向上した。カメラはフィルムがロールになってポータブルとなった。

１５．柔軟性、ダイナミクス性（Dynamic parts）- 臨機応変に対処する、自由度を増す。

　対象物の特性、外の環境、プロセス、あるいはシステムが最適になるようにする。対象となるシステムや物を相互に動ける部分に分割する。

例）対地震に対して剛な構造からフレキシブルな構造にする。自動車のハンドルの調整可能化

１６．過少・過剰作用　アバウト性（Partial or excessive action）- 大雑把に処理する、俯瞰する

　要求される作用を 100% 得るのが難しい場合、問題を大幅に単純化して幾分多いか少なめで達成できるようにする。

例）古典的な例ではペンキに刷毛をいれて多めのペンキをつけ次に過剰なものを滴らして落とす。飛行機のボーディングブリッジ。

１７．別次元への移行（Dimensionality change）- 立体的に変える、多面的に考える

　対象物や対象システムを単層から多層の組み合わせにする。2 次元、3 次元に動かす。対象物を傾けてみる、逆サイドから見てみる。

例）螺旋階段、ホログラム（3 次元の写真）

１８．機械的振動（Mechnical vibration）- 振動を与える、共振させる、共感させる

　対象物又は対象システムを振動させる、振動周波数を上昇させる、共振させる。超音波、電磁界での振動を使う。

例）音ではなく振動でモバイルホーンの着信を伝える。
　　超音波でのものの洗浄や切断。

１９．周期的作用（Periodic action）- リズムを与える、繰り返す

　継続的作用を周期的作用に置き換える。

例）洗濯機で振動を入れて汚れ落としの効率を上げる。

２０．有益作用継続 (Continuity of useful action)- 無駄をなくす

　対象物や対象システムを継続的にフル稼働させる。

例）フライホイール、CVT

２１．高速実行（Hurrying or skipping）

高速で処理することにより有害事象が出る前に終了させる。

例）古典的な例はプラスチックパイプを高速で切断すること。ゆっくり
切断するとその際の熱が切断面から伝わり変形してしまう。
牛乳の殺菌は 138 度 C でたった 2 秒。

２２．禍転じて福となす (A blessing in disguise,Turn lemon into lemonade)

ある有害に他の有害で相殺する。あるいは有害度を増幅させていって
有害でないようにする。最終的に効果を得る。

例）ワクチン接種、心臓病へのニトログリセリン、
TRIZ を開発したアルトシュラーは不運にも監獄に送られたが（ス
ターリンの時代）同じようにパージされて同じ監獄にいたいろいろ
な専門家から講義を受けることができた。まさにレモンからレモ
ネードだった。

２３．フィードバック（Feedback）

プロセスや動作を改善するためにフィードバック機能を導入する。も
しすでにフィードバックが使用されているのならその度合いを変えてみ
る。

例）学習のメカニズム、サーモスタット

２４．仲介（Intermediary）

結びつける、一時的に結合させる。

例）化学結合のための触媒、
ウオーター・ジェットの水の中に研磨剤を入れる

２５．セルフ・サービス（Self-service）- 瞬時に処理する、瞬時に分離する

対象システムや対象物自身が補助的で有用な機能を行使できるように
する。エネルギーや物質など、特にもともと無駄となっている資源を利
用する。

例）ハロゲンランプ（使用中にフィラメントを再生する。蒸発した物質
が再凝着する）

自動巻き時計

２６．複製（Copying）代理原理　代替え原理

　高価で壊れやすく操作性の悪い対象の代わりに単純な複製を使用する

例）プロトタイプでテスト、実物でなくシミュレーションで検証

２７．高価な長寿命より安価な短寿命（Cheap disposables）

　品質の妥協をして高価なものを安価なものに替える。

例）使い捨てコンタクトレンズ、使い捨て手術用品

２８．機械システムの代替え（Mechanical interaction substitution）

　機械式から別の方式に変える。感知するもの（光学、音響，臭い）で
置き換える対象物と交絡するための磁気、電磁気、電気を使用する。

　静的な場から可動できる場に変える。

例）鍵の代わりの指紋認証や顔認証システム、ガスの漏れ検知のための
　　臭い

２９．空気圧と水圧の利用（Pneumatics & hydraulics）流体利用

　固体物の代わりに気体や流体を使用する。

例）エアー・カーテン、流体で作動するシリンダー、ホバークラフト

３０．従来構造を柔軟な薄膜やフィルムに置き換える（Flexible shells & thin films）

　３次元の構造の代わりにフレキシブルなシェルや薄膜を使用する。

　フレキシブルなシェルや薄膜を使用することによって外の環境から対
象物や対象システムを隔離する。

例）紙へのコーティング、電子ペーパー、塗装の代わりのフィルム

３１．多孔質材料（Porous materials）

　対象物を多孔質にしたり、挿入、コーティングなどで多孔質の要素を
付加する。

例）セラミック・フィルター、
　　多孔質の焼結合金に油を染み込ませ軸受けとして使用

３２．変色（色の変化）（Optical property changes）- 見やすさを変える

　対象物の、あるいは周りの色や透明度を変える。

例）迷彩服、サングラス、調光レンズ（紫外線の強さで透明度が変わる）

３３．均質性（Homogeneity）－質を合わせる、規格化する

対象物体と相互作用する物体を同質材料で作る。

例）プラスチック・ビーズは同質の袋で運搬され加工工場でそのまま処理機に入れることができる。開封の時間を節約でき、また袋の管理を不要とする

３４．除去再生（Discarding & recovering）- 排除再生

対象物の機能を持つ部分を切り離す、あるいは変化させる。

例）ロストワックス法、タイヤのトレッドミル、融解する生体物質による手術用品

３５．パラメータ変更（Parameter changes）- 割合を変える、条件を変える

対象物の物理的状態を変える（ガス化、液体化、固形化など）濃度を変える。自由度を変える。温度を変える。

例）ガス状のものを（たとえば窒素ガス、プロパンガス）を液化して運搬する（運搬効率が上がる）。ドライアイス。

３６．相転移（Phase transition）

対象物の相変化中になされる作用を利用する。

例）ヒートパイプ、

熱インクジェットはノズルからインクを出すのにインクの蒸発を利用する。

三相プラズマ。

３７．熱膨張（Thermal expansion）

熱による熱膨張または収縮する物質を利用する。

例）サーモスタット、焼嵌め、冷やしばめ

３８．加速酸化　高濃度酸素利用（Strong oxidanta）

通常の空気を酸素濃度の濃い空気に置き換える。純酸素に置き換える。イオン化した酸素に置き換える。

例）MAG 溶接（metal active gas welding）高圧酸素療法

３９．不活性環境（Inert atmosphere）

通常の環境を不活性なものに置き換える。

例）不活性ガス（二酸化炭素ガス、アルゴンなど）を溶解した時の金属
　　の酸化を防止するために溶接に使用する

４０．複合材料（Composite materials）

　均質な材料を複合材料に置き換える。

例）防弾チョッキ、ゴルフクラブのシャフト

付5）

　発明原理をビジネスの面での応用を考えてみる（Simplified TRIZ による）。それは10章で示した通りイノベーションには発明家と事業家の両方が必要だからだ。事業家もある意味では発明家でもある。

発明原理1．（分割）
　市場の分割は今や常識である
　大会社の事業部制も小さいことでフレキシブルで尚且つ生産とマーケティングに十分な資産を持つ組織である

発明原理2．（分離）
　レストランなどのフランチャイズチェーン（オーナーシップの分離）
　メンテナンス作業などをアウトソーシング

発明原理3．（局所的性質）
　コールセンターを英語がしゃべることができる地域（例えばフィリピン）に置く。
　レストランに子供の場所を設定する
　米国時間で昼間は米国人が仕事をして帰宅する時、インドに転送して（インドは昼）インドで引き継いで仕事をする（ソフトウェア、設計など）
　ニッチ戦略、ターゲットマーケティング

発明原理4．（非対称）
　当然だが部署に一律のパーセンテージでなく部署ごとに予算を振り当てる

発明原理5．（組み合わせ）
　発明家と事業家の組み合わせ
　ライン生産方式からセル方式へ変えて作業が平行にできる（組み合わせに対応できるようにする）

発明原理6．（汎用性）
　ワンストップショッピング（スーパーマーケットで保険や銀行業務を

する）

オフィスをフリーアドレス化してデスクを共用化する

発明原理７．（入れ子構造）

大きな洋服店の中にあるデザイナーのコーナーを作る

デパート内に専門店を設置する

発明原理８．（釣り合い）

大きな組織の中でプロジェクトチームを作る、一時的な組織を作る

発明原理９．（先取り反作用）

組織の中で変更やイノベーティブなものは抵抗や反対を受けやすいので影響力のある人たちを仲間に入れる

アフターメンテナンスをプリメンテナンスへ

発明原理１０．（先取り作用）

仕事の前の段取りを整える

マーケットリサーチにより今後の変化に備える

発明原理１１．（事前保護）

予想される問題には前もって早急に対処できるようにしておく

発明原理１２．（当位性）

工場はフラットにして上の階に製品、部品を持ち上げることのないようにする

組織のフラット化

発明原理１３．（逆発想）

リモートワーク

ベストでなくワーストから学ぶ

拡大ばかりでなく縮小も検討する

発明原理１４．（局面）

チームのリーダーのローテーション

発明原理１５．（柔軟性）

経済状況に応じたフレキシブルな組織

FMS（フレキシブル・マニュファクチュアリング・システム）

発明原理１６．（過少・過剰作用）

マーケティングですべての可能性のある顧客に到達することが出来ない場合はある部分に集中する（過少）

メディアでの宣伝は可能性のない顧客も含めている（過剰）

発明原理１７．（別次元への移行）

ディズニーのテーマパーク（フロリダ）は地下トンネルで、ワークショップやドレスルームやその他をつなげた。それによりキャラクターはパークの不要な場面で見かけられないようにした。地下道を通って次の必要な場面に現れることで観客に更なるマジック感、ファンタジーを与えている。

発明原理１９．（周期的作用）

チアリーダーやスポーツ観客のウェイブで興奮を高めさせる

仕事で時々休憩を入れる

発明原理２１．（高速実行）

IBM を創立したワトソンは創立当時以下の様に述べたそうだ。「もし成功したいのなら君らの失敗を２倍にしろ」（急げという意味）

IT ビジネスでは新基準を確立するためには早く１位になること

オンライン商品管理システム

発明原理２２．禍転じて福となす

弱い接着力のポストイット

発明原理２４．（仲介）

難しい交渉に中立の第三者を使う（弁護士、税理士、不動産鑑定士）

インターネット・オークション

発明原理２５．（セルフ・サービス）

ファーストフードのセルフ・サービス

血圧測定による自己検診

近隣の会社同士での従業員の過不足の調整

発明原理２６．（複製）

ビデオやインターネットによる教育

発明原理２７．（高価な長寿命より安価な短寿命）

　１００円ショップ

発明原理２９．（空気圧と水圧の利用）

　水中リハビリテーションビジネス

　組織の流動化

発明原理３１．（多孔質材料）

　組織を多孔化して情報の流れを良くしたり顧客が必要とする部門へつながりやすくする

発明原理３２．（変色・色の変化）

　サッカーやプロ野球でユニフォームの色を変えてマンネリ感を防ぐ

発明原理３３．（均質性）

　顧客は見慣れたものに安心感を持つ

　映画のシリーズものはその例

発明原理３４．（除去再生）

　プロジェクトの構成と成果後の解散、そしてまたプロジェクトの構成

発明原理３５．（パラメータ変更）

　株のポートフォリオの変更、ビジネスのポートフォリオの変更（GEの例）

発明原理３７．（熱膨張）

　マスコミを利用した宣伝活動

発明原理４０．（複合材料）

　ハイリスクとローリスクの投資の組み合わせ

　発明家と事業家の組み合わせ

　矛盾マトリクスに示されているあるいは登場している発明原理の頻度を解析すると、以下の表のようになるようである（rikie.ishii@gmail.com）

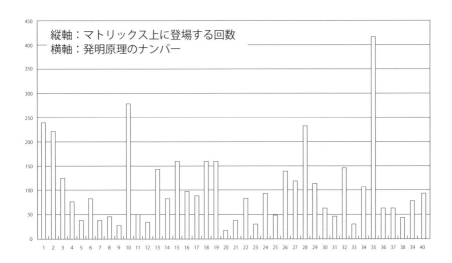

縦軸：マトリックス上に登場する回数
横軸：発明原理のナンバー

＜　図　３８　＞

　これによれば、順に３５、１０、１、２８、２がトップ５となっている。
　３５はパラメータ変更、１０は先取り作用、１は分割、２８は機械システムの代替え、２は分離・抽出となっている。ジェームス・ヤングの提唱した組み合わせは40の発明原理の中で特許に使用された順番で行くと３５番目の使用率となっている。一般的な領域と工学系の領域での違いによるものなのだろうか？
　種々の発想法ではTRIZのように矛盾を構成しないで（つまり問題や課題の構造分析をしないで）いきなり発明原理を適用するといういわゆる発想法に分割、分離がよく出てくるのにも納得がいく。いきなりこの発明原理を適用するという考え方に近いものが多いが、後述するインサイド・ボックスはこのような考え方と思える。

TRIZ による解の例を取り上げてみる。

<例題　「ボーイング 737-100 の出力を上げて顧客乗員能力をあげよ」＞
（WEB 上の米国ミシガン大学の資料より）

　航空機のエンジンは動く物体である。出力を上げるには空気取り入れ口の拡大が必要だ。

　つまり、改善項目はエンジンの体積の拡大ということになるが単に体積（前面面積拡大）による体積拡大はエンジンの下部と地平の間隔が少なくなり危険が増す。

　改善項目は TRIZ のパラメータの「7 の動く物体の体積」であり、矛盾する項目はパラメータの「3 の動く物体の長さ（直径）」（地平との間隔）となる。そこで矛盾マトリクスを見ると、参照すべき発明原理は 1 、7 、4 、3 5 となる。つまり 1 の「分類する」7 の「入れ子構造にする」、4 の「非対称にする」 35 の「パラメータ変更」である。

　この中で 1 はエンジン片側 2 基の案であり、 4 はエンジンの形状を非対称にするという案である。

　周知のようにボーイングは下図のように非対称形状を選択した。発明原理までは示唆するがその後の具体策は解決者が考案せねばならない。それにしても大学で TRIZ を教えているのは凄い。

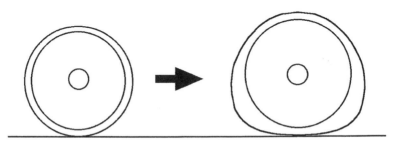

<　図　3 9　＞

付６）

　大きな流れを重視して TRIZ を説明したので以下の２つについて説明する必要があると思うので追記しておく。
・一つは TRIZ とのマッピングの前に課題から矛盾をどう構成するか？
・もう一つは矛盾リスクから得られた発明原理は言わば一般的な示唆であって最終的な本来の解決策ではないので、発明原理から如何に固有の解決策につなげるか？
　ということである。

図３６のプロセスをもう少し詳しく言うと

１．問題・課題は何か？何が目標か？何を改良したいのか？を明確にする。
２．対象となるシステムの要素と構造（要素のつながり方）を解析する。
　　これは、問題の構成を、「もの」とその「もの」にはたらきかけて「もの」を変化させる「手段」となるものに分けて、その関係を見る。各々一つとは限らず、複数あり得る。
３．何を改良したいかは明確となっているはずなので、その特性を改良すると逆にどの特性が悪化してしまうかを見極める。
　　おそらくは「特性 A を改良すると（これが問題・課題の目的）逆に、特性 B が悪化してしまうので解決策にならない状態である。（これを TRIZ では技術的な相反という）特性 A、B を 39 のパラメータに言い換えて矛盾マトリクスに適用する。
　　このためには 39 のパラメータの意味をよく理解しておくことが重要だ。
４．そこで、特性 A を改良するのに "ある要素" がある特性・特性値をもたねばならないが一方で前項で明らかとなっている特性 B を悪化させないためには、その "要素" が A のためとは異なり、逆の特性・

特性値を持たねばならないという "要素" が確定する。

　　この要素は 2 で言う「もの」と「手段」の一組である。A,B 双方に関連する一組であり、これが本質的な矛盾を引き起こしているのである（TRIZ では物理的矛盾という）。

5．通常はこの一組で変化させるべきものは「手段」である。この手段が A と B の矛盾を起こしている。この該当する手段を一方向に変化させれば対応する「もの」が変わって A が改良されるが、B は悪化してしまう。手段を逆方向に変化させると B が改良され A は悪化する。

6．こうして、課題・問題の相反と矛盾とその要素が確定できた。

7．相反から矛盾マトリクスにより発明原理という一般解を得て、解決者固有の解に至るには問題のシステムの中の要素のうち「手段」を発明原理の示唆に従い変化させることが必要となる。

例題で考えてみよう。（And Suddenly the Inventor Appeared より）
【金属化合物の腐蝕試験を行うため、スティールの容器の中に小立方体の金属化合物の試験片を幾つかの種類置いて、酸を注ぎ、電気炉の中で 1 週間据え置いた。その後を調べて、ある学生が、「大変だ！スティールの容器が腐食している。金メッキしなければならないのでは？」と提案した。「そんなことしたらいくらかかると思うのだ？」ともう一人の学生は言う。どんな解決策を提案すべきか？】

1．問題・課題はスティールの容器を腐蝕させずに金属化合物の腐蝕試験を実施することだ。

2．問題の構成要素を検討する。それは TRIZ においては「もの」とそのものにある意味の仕事をして「もの」を変化させる手段となるものに分けて整理することだがこの例では単純で金属化合物のテスト用小片（もの）、スティールの容器（もの）そして酸（手段）からなる。

3．なので、あえて言えばスティールの容器は腐蝕しても構わないとも思われるが、腐蝕させずに試験ができないかということになる。つ

まり相反の形での表現をすると「金属化合物の小立方体は腐蝕させたいがスティールの容器は腐蝕させたくない」と言うものとモノの相反、矛盾である。

4．そうすると、矛盾マトリクス表によれば２、１４、３０、４０の発明原理が対象となる。

　　問題の構成要素をしっかりと分解する事が相反あるいは矛盾を捉える基本となっていることがわかる。

5．4で明らかになった４つの発明原理の中から、一般解としての２の「分離」を取り上げる。分離＝必要な部分あるいは必要な特性だけを分離する、あるいは邪魔となる部分や特性を取り除く、とある。また矛盾解決には基本法則としてその課題システムの構成要素のうち手段を担当する要素を変化させるとあるので、「酸」を変える（分離する）ことをまず考える。試験用の小立方体には酸が触れ、容器のスティールには酸が触れないということなので、小立方体には「酸」が触れスティールの容器には「酸」が触れないという対策を考えることになる。そこで、小立方体にくぼみをつけそこに酸を入れて、スティールの容器に並べて電気炉に入れるという解決策に至る。

　TRIZ のプロセスにより発明原理という一般解を得て、いかに固有の解とするかということについては矛盾の要因要素の「手段」を変える発明原理の方向性を参考にどう手段を変えるかと案を考えることである。つまり上記の例で言うと、分離という一般解から課題・問題における要素の手段、つまり「酸」を具体的に分離するために小立方体にくぼみを作りそこに酸を注ぐという解決策に至るプロセスである。“要素”の「手段」を発明原理に従って変えるということから案を絞り出すことがポイントである。

　遡って、ボーイングの例題で言うと、問題の要素はジェットエンジンの前面面積と地面までの寸法であり、モノとしては寸法、手段としては形状で構成されている。

問題はエンジンの前面面積と地面までの寸法、長さの相反である。前述のように矛盾マトリクスから１、７、４、３５の発明原理が一般解としての示唆される。

　そこで、構成している要素のうち手段」は形状なので、非対称という一般解はある程度固有の解にたどり着きやすい。

コラム：インサイド・ボックス

　ジェイコブ・ゴールデンバーグ、ドリュー・ボイド

「インサイド・ボックス―究極の創造的思考」（文芸春秋社）

Inside the box:A proven system of creativity for breakthrough results

　著者たちは 40 の発明原理のうちの５つをひな型としこれを駆使して身近な領域でのアイディアを創成する手順を提案している。矛盾を構成しないで案を出すということで TRIZ の簡略版と考えられるし、身近な身の回りから逆方向に考えを思考しているとも考えられる。（問題からでなく身近なものの改良、アイディアの挿入）　身近なものの領域でということでインサイド・ボックスと称しているようだ。

　TRIZ の 40 の発明原理の中から、分割、分離（訳書では「引き算」と命名されている）、汎用性（訳書では「掛け算」）、組み合わせ（訳書では「一石二鳥」）などの５つについて取り上げている。発明原理をより理解できると思われるので、分離と分割について少し引用してみる。

＜分離 ｛引き算｝ のテクニック＞

　成功へのコツは製品やサービスの根幹をなしている要素を取り除くことだ。しかし、具体的にどういう要素を削除すればよいのか？成功例を見ると取り除かれた要素はもっとも欠かせない要素でもなければもっとも些細な要素でもなくその中間だった。そう言う要素に狙いを定めたとき最も大きな効果を上げられる可能性が高い。

分離 ｛引き算｝ のテクニックは以下の５つのステップで進める。

１．製品やサービスの内部の構成要素を洗い出す

２．不可欠な要素を一つ選びそれを取り除くとどうなるかを次の２つの方法で想像してみる。

　＊）全面的削除―その要素を丸ごと取り除く

　＊）部分的削除―その要素の一機能もしくは一側面だけを取り除くな

り消去するなりする

3．取り除いた結果どういう状況が生まれるかをありありと思い浮かべる。（どんな突飛に思えてもその状況を思い描くことが大切）

4．以下の問を自分に問いかける（ここが重要―小宮山）

　＊削除を行ったことで生まれた製品やサービスにはどのようなメリット、価値、市場があるか？

　＊どういう人がそれをほしがるか？

　＊その人はどういう理由でそのニーズを抱くのか？

　＊特定の問題を解決しようとしているのなら要素を取り除くことが問題解決にどのように役立つのか？

　＊「閉じた世界」にある要素を使って削除された機能を代替えさせることを考えてみる。代替え物として用いる要素は内的でも外的でもよいが取り除いたのと同じ要素を復活させないこと。その代替え版の製品やサービスにはどのようなメリット、価値、市場があるのか？

5．その新しい製品やサービスが価値あるものと思えた場合には次のように自問する。

　＊そのアイディアは実現可能か？

　＊そういう製品を実際に製造できるか？

　＊そのサービスを提供できるか？

　＊どうして可能なのか？

　＊または、どうして不可能なのか？

　＊アイディアの実現可能性を高めるために修正したり磨きをかけたりできる点はないか？

テクニック使用上の注意事項

1．単に好ましくない要素を取り除くだけに終わらないようにする

　製品やサービスを改良するために好ましくない要素を取り除くのはここで言う「引き算」ではない。製品やサービスの性格を微修正したり機

能の仕方を変えようとしているだけだ。

２．欠かせない要素を取り除く

　製品やサービスに欠かせない不可欠な要素を削除することを避けたがる人は多い。荒唐無稽に思えるからだろう。取り除かれた要素でなく残された要素の方に意識を集中させること。

３．削除した要素の代替え物を慌てて決めない

　製品やサービスに欠かせない要素を取り除くと人は強烈な違和感や不快感を抱くことが多い。そこで反射的に代替え物を探し始めているケースが多い。慌てて代替え物を見つけてくる結果にならないように注意。

４．認知的不協和（居心地悪さ）に屈しない

　なじみのない状況を前にすると居心地の悪さを解消するためにそれをわかりやすく説明したいという誘惑にかられる。例えば、テレビから画面を取り除くと聞くと大抵の人は直ちにそれをラジオと位置付けようとする。しかし、画面のないテレビが受信するのはラジオ番組ではなくテレビ番組だ。ひょっとすると長距離トラックの運転手など長距離運転する人向けに運転中に聞けるテレビを開発できるのである。

５．単なる簡略化に陥らない

　「引き算」は簡略化とは異なる。簡略化では新しい価値が生み出されることはない。むしろ価格を下げるために価値を減らしている。要素を削除し（多くの場合はその機能を別の要素で代替え）した後に新しい価値が生み出されるのが引き算のテクニックだ。

例）洗濯洗剤からファブリーズへ

ステップ１）製品の物理的な構成要素を列挙する

　　　　　　　　＊活性成分

　　　　　　　　＊香料

　　　　　　　　＊結合剤

ステップ２）一つの要素を取り除いてみる。試しに活性成分を削除してみる

ステップ３）それを取り除くとどうなるかを思い描く。この場合、できるのは香料と結合剤だけでできた「洗剤」だ。これでは服の汚れが落ちない。汚れを落とす機能は活性成分を取り除いたときに失われたのだ。

ステップ４）そのような製品のメリットは何か？ニーズと市場はどこにあるか？を検討する。

最初はばかげていると思うだろう。汚れを落とせない洗剤なんて誰が買うのか。

結果）洗剤の活性成分は衣服に大きなダメッジを与える。だから、活性成分を取り除けば服を長持ちさせられる。だから、潜在的な市場としてはまだ汚れていなくても着た後の服を洗濯したい人を想定できる。汚れを落とすためではなく言わば服をリフレッシュするために洗濯したい人には活性剤抜きの洗剤は理想的な商品だ。

＜分割のテクニック＞

　分割のテクニックの効果を最大限ひきだすための進め方は以下の５つのステップ

１．製品やサービスの内部の構成要素を洗い出す

２．製品やサービスを次の３つの方法のいずれかで分割する

　＊機能的分割―要素を一つ取り出しその位置や登場順序を変更する

　＊物理的分割―製品やその一部を物理的に切り分けて組み換えする

　＊機能を維持した分割―製品やサービスをいくつものミニチュア版に分割しそのそれぞれが元の全体の機能を維持するようにする

３．分割を行った結果どういう状況が生まれるかをありありと思い浮かべる

４．以下の問を自分に問いかける

　分割を行ったことで生まれた製品やサービスには、どのようなメリット、価値、市場があるか？

　どういう人がそれを欲しがるのか？

その人はどういう理由でそのニーズを必要とするのか？

特定の問題を解決しようとしているのなら分割を行うことが問題解決にどのように役立か？

5．その新しい製品やサービスが価値あるものだと思えた場合は以下のように自問する

そのアイディアは実現可能か？

そういう製品を実際に製造できるか？

そのサービスを提供できるか？

どうして可能なのか？

または、どうして不可能なのか？

アイディアの実現可能性を高めるために修正したり磨きをかけたりできる点はないか？

正しくテクニックを使うための注意事項

1．分割した要素を空間と時間の両面で並べ替える。製品やサービス、プロセスを分割したら「閉じた世界」の中で要素を空間と時間の両面で並べ替えてみる。空間的組み換えを行う際は切り離した要素を従来と異なる場所に配置する。時間的組み換えを行う場合には切り離した要素が登場するタイミングを変える。

2．最初に構成要素のリストアップすること自体が｛分割｝に他ならないと理解する。最初に構成要素のリストを作成するだけで新しい視点で状況を見る助けになる。それにより構造的思い込みを打ち破り（全体がいくつもの要素の集合体だと認識できる）、機能的思い込みを打ち壊せる（ここの要素を独立した存在とみなしそれぞれの機能を検討できるようになる）。一つ一つの要素を付箋に書き出すとよい。

3．うまくいかない場合は「解像度」を変える。「閉じた世界」と自分の距離を変えるのだ。ズームインして対象に近つけば個々の要素や部品を細かく検討できるし、ズームアウトすれば対象が大きな文脈の中でどのように存在しているか見えやすい。

注）インサイド・ボックスとアウトサイド・ボックス

　１９７０年代前半、他者に先駆けて創造性に関する学術的研究に乗り出したひとりが心理学者の J.P. ギルフォードであった。彼の研究の中で「ナイン・ドット・パズル」がある。九つの点（ドット）を正方形上に記した図を見せこれらを４つの直線で一筆書で結べという問題である。

　このパズルへの対応に対し多くの人は正方形の枠の中に思考を限定してしまってなかなか答えに至らなかった。この事実からギルフォードは創造性を発揮するためには枠の外（アウトサイド・ボックス）に出て物事を考えねばならないとした。この理論は広く受け入れられた。また、コンサルタント会社は顧客の社内ではなく社外のコンサルティング会社に依頼すべき根拠としてこれを使った。

　この本の主張は閉じた世界、身近な世界の中での制約の中で、制約を課されるから狭い範囲に集中出来て創造的プロセスが後押しされることを強調している。

コラム：オズボーンのチェックリスト法

　TRIZ もインサイド・ボックスも孵化期間における発想法の一つと考えられる。

　つまり、課題・問題の再表現だと思われる。ということは皆同じ考え方に収束しても不思議ではない。インサイド・ボックスは TRIZ に影響されていると著者たちも言っているので、もう一つ昔からよく参照されているオズボーンのチェックリストを紹介しておく。

　TRIZ が如何によく構成されているか理解できる。

1	**他への転用は？（Put it other use?）** 他に使い道はないか？　そのままで新しい使い道は？　改造して他の使い道は？
2	**他への応用は？（Adapt?）** 他にこれと似たものはないか？　過去に似たものはないか？　なにか真似できないか？ だれか見習えないか？　ヒット商品をスライドさせられる？
3	**変更したら？（Modify?）** 新しいひねりは？　わかりやすくしたら？　楽にしたら？　使い方を変えたら？ 意味、色、動き、音、匂い、様式、デザインなどを変えられないか？ その他の変化は？　リアルにしたら？
4	**拡大したら？（Magnify?）** 何か加えられないか？　もっと時間は？　もっと頻度は？　より強く？　より高く？ より長く？　より厚く？　付加価値は？　高級にしたら？　材料はプラスできないか？ 複製は？　倍加は？　誇張は？　高機能にしたら？
5	**縮小したら？（Minify?）** 何か減らせないか？　より小さく？　濃縮？　ミニチュア化？　より低く？ より短く？　より軽く？　省略は？　流線形に？　分割できないか？ 内輪にできないか？　機能を絞ったら？　ムダをなくしたら？
6	**代用したら？（Substitute?）** だれが代われるか？　なにか代用し得るか？　他の素材は？　他の製造工程は？ 他の動力は？　他の場所は？　他の構成要素は？　他のアプローチは？ 他の音色・味・匂いは？
7	**再配列（アレンジ）し直したら？（Rearrange?）** 要素を取り換えたら？　他のパターンは？　他のレイアウトは？　他の順序は？ 原因と結果を置き換えたら？　ペースを変えたら？　スケジュールを変えたら？
8	**逆にしたら？（Reverse?）** ポジとネガを取り換えたら？　逆はどうか？　失敗例を教訓にしたら？ 後ろ向きにしたらどうか？　上下をひっくり返したら？　逆の役割は？ 靴を変えたら？　テーブルを回したら？　他の頬を向けたら？
9	**結合させたら？（Combine?）** ブレンド、合金、品揃え、アンサンブルはどうか？　ユニットを組み合わせたら？ 目的を組み合わせたら？　アイデアを組み合わせたら？ 音、香りを組み合わせたら？　キャラクターをプラスしたら？

コラム：複眼思考というものの見方

　ユダヤ法では、陪審員全員の意見が死刑と一致した場合は、被告人は死刑にされない。何故なら意見の不一致が審議の一過程として必要とされているからである。判決に達する前に裁判官は二人一組で夜を徹して被告を擁護する可能性を考えねばならないのだ。

　これはローマ・カトリック教会の「悪魔の代弁者」と同じである。新しく聖者を決めるにあたって、誰かがその人の人物を称賛し聖者にふさわしいとの意見を述べ、誰かがその人を聖者として認めない趣旨の意見を述べるというプロセスを踏んできた。つまり結論に至る過程に必ず議論が起こるように工夫されているのである。すべての事実を議論に含めるように制度化されている。誠実な批判者はその役割を要請されて引き受けている。

　これはコーポレートガバナンスでも必要で取締役会がイエスマンで固められることなく「ノー」という人の席も設けるべきということと同じである。CEO はとりあげた案件のすべての事実が議論される取締役会とすべきなのだ。

　つまり、一方からだけ物事を見たり考察することは事実の一面しか見てないことを意味するので逆の面をも検討することで全貌を理解できるのである。「知的複眼思考法」苅谷剛彦（講談社＋α文庫）では、物事の二面性（多面性）に注目する、と記されています。そのために関係論的なものの見方が必要、として

１．目の前の問題はどのような要因（要素）の塊かを考え、分解する

２．分解した、それぞれの要因（要素）の間にはどのような関係があるか明らかにする

３．そうした要因（要素）の関係の中で取り上げた問題の位置付けを明らかにする

　これはどのような領域にも当てはまる。TRIZ もこの手順を含んでいる。

課題・問題に関するすべての事実を明らかにすることが誰も考えなかったことを発見し良い発明やイノベーションに繋がる可能性があるのである。

　また、もう一つの複眼思考として

1．これから解決策として試みようとしていることが、どんな副産物を生み出す可能性があるのか、その波及効果をなるべく広い範囲で考えておく。もしかしたら、その副産物によって当初の意図した効果が消滅してしまう可能性を吟味したうえで実行する。

ということも指摘している。

　副作用を見逃すことが多かったということは前の章で記した技術の歴史からの教訓からも実感できる指摘である。

第 12 章
設計問題に特化した TRIZ

　長田洋他は TRIZ を設計問題に特化して「革新的課題解決法」（日科技連）) としてまとめている。

　その内容は次頁以降の表に示すように、TRIZ の 39 のパラメータを集約して且つ 13 の機能パラメータと 11 の設計パラメータに分割し、また、40 の発明原理を 25 の発明原理に集約している。更に 13 の機能パラメータに対する 13 × 13 の矛盾マトリクスに 25 の発明原理を対応させ、また、11 の設計パラメータに対する 11 × 11 の矛盾マトリクスに 25 の発明原理を対応させるという 2 元のシステムにわけて、使いやすさを向上させている。詳細は同書を参照されたい。

　しかし、最後の解決策は解答者の知恵、スキーマによることは変わらない。

　プロセスは同書によれば以下の通りである。

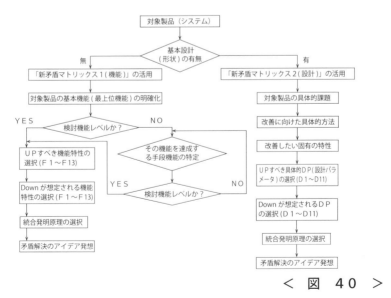

< 　図　40　>

25の発明原理の意味

分　類		統合発明原理	統合発明原理の意味
分割／分離や組合せ結合の方法	1	分割／分離原理	分ける
	2	組み合わせ原理	組み合わせる
	3	入れ子原理	中に入れる／入れられるようにする
	4	代用／置換原理	別のモノ／方法に置き換える
形状の変更	5	非対称原理	対称型のものを非対称にする
	6	曲面原理	直線や平面を曲線や曲面にする
	7	他次元移行原理	直線的な動きを2, 3次元的にする 単層を多層にしたり，横向きにする
視点や思考の変更	8	未然防止原理	予め動作させる 事前に手を打っておく
	9	逆発想原理	逆の動作をさせる
	10	非精密原理	完全でなくても適度な動作にする
	11	フィードバック原理	フィードバックを利用する
	12	セルフサービス原理	物体自体にセルフサービスを行わせる
	13	低コスト原理	長持ちする高価なものを，安価なものに置き換える
	14	弊害活用原理	有益な効果を得るために有害なものを用いる 有害作用に別の有害作用を用いて相殺する
	15	排除／再生原理	機能を終えた物体の部分を廃棄する 動作中に消耗部分を直接復元させる
材料の変更	16	局所性質原理	不均一な構造にする部分を強調させる
	17	多孔質利用原理	物体を多孔質にする 細孔の中に有用な物質や機能を入れておく
	18	複合材料原理	均質な材料を複合材料に置き換える
	19	薄膜利用原理	薄膜や殻を用いる
	20	均質性原理	同じ材料／同じ特性をもつ物体と相互作用させる
エネルギーの与え方の変更	21	つりあい原理	他の物体とつりあいをとらせる
	22	振動原理	物体を振動させる
	23	連続作用原理	連続／高速で動かす
状態や特性の変更	24	特性変更原理	物体の物理状態・特性を変える
	25	仲介原理	中間に別のものや別のプロセスを加える／置き換える

< 表　9 >

11個の「設計パラメータ」の内容

No.	特　性	意　味
D1	物体の重量	対象となる製品や部品などの測定された重さ
D2	物体の長さ	対象となる製品や部品などの測定された一次元の線：長さ
D3	物体の面積	対象となる製品や部品などの表面積や内部の面積
D4	物体の体積	対象となる製品や部品などの体積
D5	速度	対象となる物体の速度
D6	力	対象となる物体の条件を変更することを意図した全ての相互作用
D7	応力または圧力	対象となる物体の単位面積当たりの力や張力
D8	形状	対象となる物体やシステムの外部輪郭や外観
D9	強度	対象となる物体が力に応じた変化力に抵抗できる範囲、破壊力に対する抵抗力
D10	温度	対象となる物体やシステムの温度状況
D11	輝度	対象となる物体やシステムの単位当たりの光の量(光量)や照度、光特性など

<　表　　10　>

13個の「機能パラメータ」の内容

機能パラメータ	内　　容
F1 信頼性	●意図した機能を意図した処理で実行できる能力 ●操作のばらつきの少なさの程度 ●誤操作の少なさの程度，システムの安定性 ●材料の安定性／不安定性
F2 精度	●正確さの度合，システムの動作が，要求に合致している度合い ●加工精度や測定精度 ●誤差の少なさ／多さ
F3 有害性／安全性	●システム内または外からの有害な影響の受けやすさ ●システムが外部に有害な影響を与える度合，環境への問題を含む ●悪い副作用 ●材料から発する有害物質 ●公害，コンプライアンス事故の抑止
F4 操作の容易性	●ユーザーの使い易さ，簡単操作性 ●人間の操作なしに機能を果たす自動化の程度と範囲 ●表面処理などの処理のしやすさ
F5 制御の複雑性	●目的の出力，状態にするために行う工程の複雑さ ●アルゴリズムのシンプルさ ●表面処理などの処理の複雑さ
F6 保守／修理の容易性	●システムの複雑さと修理の容易さ ●要素・部品の数，要素・部品間の相互作用の数を含む ●メンテナンスフリーの程度 ●バグ対応のしやすさ
F7 適応性／融通性	●周囲・環境や隣接物との適応性 ●実際に起こり得る条件の違い，変化に対して機能すること，及び運用の柔軟性
F8 耐久性	●システムが故障するまでの時間 ●長期間に渡って変化する条件に対する頑強さ ●外的要因に対する安定性(ロバスト性) ●劣化しやすさ
F9 製造の容易性／生産性	●製造の容易性及び時間当たりに実行する有用な機能の程度 ●組み立てやすさ
F10 物質の量／損失	●システムの要素，部品の数，及び損失・浪費 ●必要なリソースの量，浪費 ●濃度の量や変化
F11 情報の量／損失	●扱う信号の量，及び損失・浪費 ●大量の処理データの有無，扱うデータ，パラメータの種類と数
F12 時間の量／損失	●動作時間及びその非効率さ(待ち時間など) ●ロス時間 ●起動までの時間、終了までの時間 ●システムの立ち上げ時間遅れ，待ち時間
F13 エネルギーの量／損失	●システムまたは要素が有用な作用をする時に使用するエネルギー量及びその利用効率 ●エネルギーの損失

＜　表　11　＞

＜ 表 １２ ＞　機能パラメータの矛盾マトリックス

F（パラメータ）一覧

- F1：信頼性
- F2：精度
- F3：有害性／安全性
- F4：操作の容易性
- F5：制御の複雑性
- F6：保守・修理の容易性
- F7：適応性・融通性
- F8：耐久性
- F9：製造の容易性・生産性
- F10：物質の量／損失
- F11：情報の量／損失
- F12：時間の量／損失
- F13：エネルギーの量／損失

縦＝良化する特性、横＝悪化する特性

良化＼悪化	F1	F2	F3	F4	F5	F6	F7	F8	F9	F10	F11	F12	F13
F1 信頼性	B1, B2 B3, B4	1, 8, 11, 16	1, 4, 13, 18, 24	7, 8, 9, 13, 18	4, 13, 18	1, 8, 9, 24	9, 21, 24, 25	1, 4, 12, 13, 15, 16, 18, 24	1, 4, 24, 25	4, 8, 16, 18, 23, 24, 25	4, 8	5, 8, 19	4, 8, 11, 13, 17, 22, 23, 24
F2 精度	1, 2, 8, 11, 16	B1, B2 B3, B4	4, 5, 7, 8, 14, 15, 16, 20, 24, 25	1, 4, 7, 8, 9, 11, 15, 16, 22, 24	4, 16, 25	1, 4, 8, 9, 12, 13, 15, 16, 22, 24	1, 9, 24	4, 8, 9, 13, 16, 18, 19, 24, 25	4, 8, 12, 15, 16, 22, 24, 25	1, 4, 8, 10, 16, 17, 19, 22, 24, 25	1, 3, 5, 8, 9, 12, 15, 16, 24, 25	4, 15, 16, 22, 25	1, 4, 9, 13, 16
F3 有害性／安全性	1, 13, 18, 25	1, 4, 12, 20, 25	B1, B2 B3, B4	1, 4, 12, 15, 16, 20, 25	1, 4, 13, 14, 18, 22, 23	1, 4, 8, 14, 17, 18, 22, 24	8, 14, 17, 24	1, 4, 7, 10, 13, 14, 17, 18, 19, 20, 22, 23, 24, 25	1, 9, 14, 22, 24, 25	1, 4, 8, 14, 15, 16, 17, 18, 20, 22, 24, 25	1, 4, 8, 14, 23	1, 14, 15, 22, 24	1, 4, 8, 13, 14, 17, 22, 23, 24, 25
F4 操作の容易性	7, 8, 9, 13, 18	1, 4, 8, 9, 11, 12, 15, 16, 22, 24	1, 4, 7, 8, 10, 11, 13, 14, 18, 19, 20, 24, 25	B1, B2 B3, B4	12, 13, 15	1, 3, 4, 7, 8, 9, 12, 16, 21, 22, 24, 25	1, 5, 10, 13, 15, 22, 24	1, 4, 8, 10, 12, 16, 19, 21, 22, 24	1, 2, 4, 9, 21, 22, 24	1, 2, 4, 8, 9, 16, 21, 22, 24, 25	5, 8, 13, 14, 20, 24	4, 5, 8, 15, 19, 24, 25	1, 4, 8, 9, 11, 13, 15, 16, 22, 23, 24, 25
F5 制御の複雑性	4, 13, 18, 21	4, 16, 25	1, 4, 14, 22, 23	1, 2, 15, 23	B1, B2 B3, B4	4, 8, 21, 22, 24	1, 22	4, 8, 12, 14, 15, 19, 22, 24, 25	2, 4, 8, 22, 24	1, 4, 8, 13, 16, 22, 25	13, 14, 20, 24	4, 8, 16, 22	1, 8, 10, 16, 22, 24, 25
F6 保守・修理の容易性	1, 8, 9, 10, 24	1, 4, 8, 9, 12, 15, 16, 25	1, 4, 8, 10, 14, 18, 20, 24, 25	1, 3, 4, 8, 9, 13, 15, 21, 22, 24, 25	1, 4, 8, 13, 22, 24	B1, B2 B3, B4	1, 3, 4, 5, 10, 22, 24	1, 4, 5, 7, 8, 13, 14, 22, 24	4, 8, 9, 11, 13, 15, 16, 20, 22, 24	1, 4, 8, 9, 12, 13, 15, 16, 24	9, 12, 15, 16, 22, 24	1, 4, 8, 12, 16	1, 4, 8, 9, 10, 13, 15, 16, 19, 23, 24, 25
F7 適応性・融通性	9, 21, 24, 25	1, 2, 8, 24	1, 8, 14, 23	1, 10, 13, 15, 22, 24	1	1, 3, 4, 5, 10, 22, 24	B1, B2 B3, B4	1, 6, 9, 10, 19, 24	1, 9, 17, 24	1, 4, 8, 9, 16, 24	10, 16, 22, 24	4, 24	1, 4, 9, 22, 24
F8 耐久性	1, 4, 8, 9, 13, 15, 18	4, 8, 9, 10, 13, 16, 18, 22, 25	1, 4, 7, 10, 11, 12, 14, 18, 19, 20, 23, 24, 25	1, 4, 8, 13, 16, 19, 21, 24	4, 11, 12, 14, 15, 22, 24, 25	1, 4, 5, 8, 10, 13, 14, 22, 24	1, 9, 15, 19, 24	B1, B2 B3, B4	1, 5, 6, 7, 8, 10, 13, 23, 24, 25	1, 4, 6, 8, 10, 13, 15, 20, 22, 24, 25	8	4, 8, 10, 13, 22, 23, 24	4, 5, 8, 9, 10, 13, 15, 16, 22, 24, 25
F9 製造の容易性・生産性	4, 8, 16, 18, 22, 24, 25	4, 8, 10, 15, 16, 17, 19, 20, 24, 25	1, 9, 14, 22, 24, 25	1, 2, 3, 4, 9, 10, 21, 24	4, 5, 15, 24	1, 4, 7, 8, 12, 13, 16, 21, 24, 25	4, 24	1, 5, 6, 7, 8, 10, 13, 23, 24, 25	B1, B2 B3, B4	1, 4, 8, 11, 15, 20, 22, 24, 25	9, 10, 11, 16, 22, 25	8, 10, 22, 24, 25	1, 4, 5, 8, 13, 21, 22, 23, 24, 25
F10 物質の量／損失	4, 8, 10, 17, 22, 23, 24	1, 4, 8, 10, 15, 16, 17, 19, 20, 24, 25	1, 4, 8, 14, 15, 16, 17, 18, 20, 22, 24, 25	1, 2, 4, 8, 9, 16, 21, 22, 24, 25	1, 4, 8, 13, 16, 22, 25	1, 4, 8, 9, 12, 13, 15, 16, 24	1, 4, 8, 9, 16, 24	1, 4, 6, 8, 10, 13, 15, 20, 22, 24, 25	1, 4, 8, 11, 15, 20, 22, 24, 25	B1, B2 B3, B4	4, 24, 25	8, 10, 22, 24, 25	8, 22
F11 情報の量／損失	4, 8, 11	1, 16, 22	1, 8, 14, 23	13, 14, 24	20, 24	1, 2, 4, 7, 8, 9, 12, 16, 25	1, 4, 8, 16, 22	8	9, 11, 16, 22	4, 24, 25	B1, B2 B3, B4	4, 16, 25	8, 22
F12 時間の量／損失	5, 8, 19	4, 15, 16, 22, 25	1, 14, 15, 22, 24	4, 5, 8, 15, 19, 24, 25	4, 8, 16, 22	1, 4, 8, 12, 16	4, 24	2, 4, 8, 10, 14, 16, 22, 23, 24	4, 5, 15, 24	8, 10, 22, 24, 25	4, 16, 25	B1, B2 B3, B4	3, 4, 8, 16, 22, 23, 24, 25
F13 エネルギーの量／損失	4, 8, 11, 13, 17, 22, 23, 24, 25	1, 16, 22	1, 4, 8, 14, 17, 22, 23, 24, 25	1, 4, 7, 8, 16, 22, 24	10, 11, 12, 16, 22, 24, 25	1, 3, 4, 12, 13, 15, 19, 23, 24	7, 9, 10, 15, 22	8, 9, 10, 13, 16, 17, 24, 25	1, 2, 3, 4, 5, 10, 11, 12, 13, 16, 17, 25	1, 2, 3, 4, 5, 10, 11, 12, 13, 15, 16, 17, 24, 25	8, 22	3, 4, 8, 16, 22, 23, 24, 25	B1, B2 B3, B4

＜ 表 １３ ＞ 設計パラメータの矛盾マトリクス

悪化する特性　＼　良化する特性	物体の重量 D1	物体の長さ D2	物体の面積 D3	物体の体積 D4	速度 D5	力 D6	応力または圧力 D7	形状 D8	強度 D9	温度 D10	輝度 D11
物体の重量 D1	B1, B2 B3, B4	1, 4, 8, 15, 21, 22, 24	1, 4, 7, 9, 15, 19, 24, 25	1, 2, 4, 6, 18, 24	1, 21, 22, 25	8, 21, 22, 24	4, 8, 9, 18 22, 24	4, 6, 8, 9, 18, 24	1, 4, 8, 13, 18, 22	4, 5, 14, 16, 22, 25	1, 16, 22, 24
物体の長さ D2	4, 15, 18, 21, 22, 24	B1, B2 B3, B4	3, 5, 7, 8, 18, 22	1, 3, 5, 6, 7, 21, 24	5, 9, 21	4, 5, 7, 8	1, 6, 21, 24	1, 3, 4, 6, 8, 9, 21, 22	4, 6, 15, 21, 22, 24	8, 16, 22 24, 25	12, 16
物体の面積 D3	1, 4, 5, 6, 7, 19, 22	3, 4, 5, 6, 8, 22, 25	B1, B2 B3, B4	3, 5, 6, 7	4, 5, 15, 19	1, 19, 22, 24	4, 8, 22, 24	2, 4, 5, 15	6, 16, 18, 22	1, 10, 22, 24, 25	9, 16, 22
物体の体積 D4	1, 4, 6, 8, 18, 22, 24	1, 3, 5, 6, 21, 22, 24	1, 3, 5, 7	B1, B2 B3, B4	4, 5, 15, 25	1, 22, 24	4, 24, 25	1, 3, 4, 5, 22, 24	3, 7, 6, 8, 22	4, 5, 8, 15, 22, 24, 25	1, 8, 9
速度 D5	1, 4, 9, 25	6, 9, 21	4, 15, 19	3, 4, 15	B1, B2 B3, B4	4, 9, 22	4, 18, 22, 25	15, 22, 24	4, 6, 16, 21	1, 4, 19, 24	8, 9, 22
力 D6	1, 4, 9, 21, 22, 24	1, 4, 7, 8, 22, 24	1, 8, 22, 24	1, 8, 21, 22, 24	4, 9, 21, 22	B1, B2 B3, B4	8, 22, 23	8, 15, 18, 24	6, 8, 13, 24	8, 23, 24	1, 4, 9, 12 22, 24
応力または圧力 D7	4, 8, 9, 15 24, 25	1, 6, 8 10, 24	4, 8 22, 24	4, 8 15, 24	4, 24	23, 24	B1, B2 B3, B4	5, 8, 22, 24	8, 16, 18, 22	1, 22, 24, 25	14, 21, 24, 25
形状 D8	4, 8, 16, 18, 21, 22	2, 3, 4, 5, 6, 8, 9, 15	2, 5 8, 15	1, 3, 5, 6, 14, 22, 24	15, 22, 24	8, 18, 24	6, 8, 15, 22	B1, B2 B3, B4	6, 8, 18, 19	6, 14, 16, 22	9, 16, 22
強度 D9	1, 4, 13, 18, 21, 22	1, 4, 6, 21, 22, 24	4, 8, 15, 16, 18	3, 6, 7, 8, 22	4, 6, 9, 21	6, 8, 16, 22	8, 16, 18, 22	8, 18, 19, 24	B1, B2 B3, B4	8, 18, 19	22, 24
温度 D10	4, 14, 16, 24, 25	8, 22	16, 22, 24, 25	4, 5, 15, 18, 22, 24, 25	1, 4, 19, 24	8, 16, 23, 24	1, 22, 24, 25	6, 14, 16, 22	8, 14, 18, 19	B1, B2 B3, B4	10, 16, 19, 23
輝度 D11	1, 16, 22, 24	10, 16, 22	4, 16, 22	1, 8, 9	8, 9, 22	4, 22	8, 19, 21, 24	16, 19	22, 24	16, 22, 24	B1, B2 B3, B4

具体例の話１：エンジン

　私が会社員のころは、建設機械において使用しているディーゼルエンジンの排気ガス対策則ち、エンジンから廃棄される排気ガスに含まれる窒素酸化物、黒煙（パティキュレート）が各国で規制が始まりその対応の時代であった。

　ポイントは窒素酸化物とパティキュレートが相反することであった。つまり次頁の図に示すような関係を通常示す。窒素酸化物はエンジンの燃焼温度が高温になることによって吸入空気中の窒素と酸素が結びつくことによって発生し、パティキュレートは不完全燃焼により発生したススを核に未燃燃料等が付着して出来る。従って燃焼温度を下げてやれば窒素酸化物は減少させることができるが、燃焼が悪くなってパティキュレートは増加するという特性を持っている。

　そこで、機能に関する矛盾マトリクスから分離という原理につながる。そこからは各エンジン技術者のスキーマの活性化による。具体的に取られた対策は燃焼状態を良くしてパティキュレートを減少させ排気ガスを吸気に循環させるいわゆる EGR(Exhaust Gas Recirculation) という装置を追加することになった。

　その後更に規制値が厳しくなり更なる分離の発想で、パティキュレートに対しては排気後にセラミックによるパティキュレート・フィルターを付けて捕捉し、窒素酸化物については尿素による低減の後処理装置となった。

　しかしその後、地球温暖化の原因となる排気による二酸化炭素の排出が問題となり、自動車ではハイブリッド車が主流となっている。ハイブリッド車は２つの異なる出力源をもつ。ガソリンエンジンまたはディーゼルエンジンと補助動力のバッテリー駆動の電気モーターを搭載している。ハイブリッドの主なメリットはバッテリーを充電するために回生ブレーキを使用して燃費を低減して二酸化炭素の排出を減らすことにあるがこれは１９７４年に米国のヴィクター・ウオークにより開発されてい

る。これは組合せ原理である。

　しかし完全な分離と置き換えの原理は電池（バッテリー）車であろう。ただし電池の製造や廃棄でのパティキュレートや窒素酸化物の排出との比較をせねばならない。

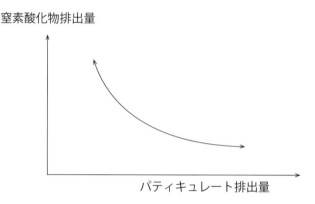

具体例の話２：焦げ付かない鍋

　今ではどこの家庭にもティファールの調理器具はあるだろうが、焦げ付かないフライパンはマークとコレットのグレゴアール夫妻が作り出した。料理の操作性を犠牲にせず料理後のフライパンの掃除を容易にする（つまり焦げ付かない道具）という課題を解決したのがテフロンコーティングのフライパンである。夫妻は今ではよく知られている「T-fal 社」を立ち上げた。ティファールという名前は焦げ付かない鍋の２つの主な材料であるテフロンとアルミニウムからの合成語である。当時（１９５４年）は夫妻は TRIZ を認識していなかったであろうが、矛盾マトリクスで逆に参照してみるのもよいのではないか。材料の変更原理の局所性質原理と考えられる。

具体例の話３：手回し充電ラジオ

　アフリカでエイズが蔓延していて病気の拡散を食い止めることができるのは教育だけだとテレビのドキュメンタリー番組は示唆していた。しかし大きな問題は貧困と基本的な技術の欠如がアフリカ全体への情報の伝達を難しくしているという。これを見ていた英国のトレバー・ベイリスは家庭内に電気が通っていなくても、電池がなくても作動する安価なラジオが必要だと考えた。それは簡単なゼンマイ機構で小型の内蔵発電機を駆動させるものであった。1993 年のことで、それから１年もしないうちに南アフリカで大量生産が開始された。

　適応性・融通性パラメーターから代用 / 置換原理の発明原理からの彼なりの解決策につながったのである。

（私はアフリカならとして太陽電池のラジオを発想した）

　ちなみにこのラジオは我が家にも防災用として１台あるが、日本でも各家庭に１台ずつ普及しつつある。

第13章
チャレンジするジャングル（イノベーションの世界）

1．ムーンショットとルーンショット

　バーコールの著作「ルーンショット」（日経 BP）で、ルーンショット
は「誰からも相手にされず、頭がおかしいと思われるが、実は世の中を
変えるような画期的なアイディアやプロジェクト」とし、ムーンショッ
トは、「たとえばその名の通り、月ロケットの打ち上げなど大きな意義
を持つ誰からも期待される野心的でお金のかかる目標。ムーンショット
は到達目標であり（貧困をなくす、など）ルーンショットの育成はその
実現方法である。」として、ルーンショットを打つ方策を説明している。
ルーンショットの意味意義を理解するうえで、文中に面白いというか、
悲しい逸話が記されている。

　当時三共に努めていた遠藤章博士と悪玉コレステロールの治療薬スタ
チンにまつわる話である。当時コレステロールと心臓発作、脳卒中の関
係が注目され始めていた。

　多くのキノコは毒を持つが、それは、キノコは捕食者から逃げ回るこ
とができないから、それらを阻む化学物質を分泌する必要があるからで
ある。カビは食べ物を追い回すことができないから宿主をよりおいしく
栄養豊富にする化学物質を分泌する。然るにバクテリアはカビやキノコ
の天敵なのである。自分を守るため菌類はバクテリアを殺す様々な手段
を編み出してきた。たとえば、青かびはバクテリアの細胞壁を壊す化合

物を分泌する。それがペニシリンとなった。また多くのバクテリアは生き残るためにコレステロールを必要としているという研究もあった。

この知見から遠藤氏はコレステロールをブロックして殺すそんな化学物質を分泌する菌類はないものかと発想したのである。

そして 1971 年に 6000 種の実験を経て青かびのサンプルからコレステロールを低下させるものを発見した。メバスタチンである。そこから数種類のスタチンが生まれた。このスタチンは歴史上最も広く処方された医療薬となり、何百万という人の命を救った。

だが、遠藤氏のこの薬剤は、ルーンショットにまとわりつく「3 度の死」を乗り越えねばならなかった。

一度目の死は、コレストロール値を下げるという考え方は否定されていて誰も着目しなかったこと。なぜなら正常な細胞はコレストロールを必要とするため、常識的な生物学の観点からは、コレストロール低下剤はどれも正常な細胞機能を阻害するから危険であると考えられていたのである。

二度目の死は、いよいよ動物での試験段階となり、ラットでの試験でコレストロールが下がらなかったことである。一度目の死後、所属していた三共の内部でも疑惑の目で見られ辞表を懐に忍ばせて試験を進めていた中での結果であった。これでは薬剤の評価試験が続けられないという状況に追い込まれたのである。そこで、ニワトリを対象に異なる実験をしている同僚に、ニワトリはコレストロールの高い卵を産むから、ニワトリの血中のコレストロールは高いのではないかと推察して、頼み込みテストをしてみた。結果はコレストロールが半減した。ラットは　大部分 HDL（善玉コレステロール）で心臓病に関わる LDL（悪玉コレステロール）も非常に少なかったのである。ニワトリは人間と同じく両方のコレストロールを持っていたのである。犬、猿でも効果が確認された。

その頃、米国でマイケル・ブラウンとジョゼフ・ゴールドスタインの二人の医学者が心臓病に関して遠藤氏のメバスタチンに着目し提供を申し入れた。

遠藤氏はその結果に満足しつつ、三共を辞めて、大学に籍を移した。

　しかしその後メバスタチンを投与した犬に癌が認められたという報告がでて、三共はメバスタチンの研究開発から手を引いた。

　一方で米国の製薬会社メルクも研究を進めていて、三共と協業を持ちかけたりしながらメバスタチンとほぼ同じ薬剤を開発しメバコールとして発売した。犬の癌は癌ではないこともわかった。

　これは多くの人の心臓発作や脳卒中を予防し、結果としてメルクに900億ドル（約9兆円）、同社を含むスタチンの売り上げは3000億ドル（約30兆円）をうわまわった。そしてブラウンとゴールドスタインはコレステロールの研究によりノーベル賞を受賞した。・・・・・・・・・・・・・・・

　一方三共はその恩恵に浴せず、遠藤氏は一般的には認知されなかった。（遅まきながら2008年にスタンチンの発見によりラスカー・ドベーキー臨床医学研究賞を受賞したが）

　ルーンショットは三度の死を経験するといわれるがこの逸話でラットの実験での結果は「偽りの失敗」犬の癌も「偽りの失敗」である。これを克服するに最悪の発言に好奇心を持って耳を傾けることだとバーコールは言う。攻撃されたときに慌てて防御し素知らぬ顔をするのではなく、オープンマインドの精神で失敗を吟味する。まさに遠藤氏はこれを実践した。

　「偽りの失敗」はビジネスの世界では何度も繰り返されている。この「偽りの失敗」を見極める力が重要なことを教えてくれるルーンショットにまつわる逸話なので、是非とも参照したいと考えた。

　またバーコールは今年（2020年）亡くなったクリステンセン教授の破壊的イノベーションの論に懐疑的である。それは、米倉誠一郎教授の同書の解説にもあり良いまとめともなっているので是非付しておきたい。曰く、

「ある変化が破壊的かどうかはある発明や発見が市場にどんな影響を及ぼすかどうかという結果である。イノベーション遂行者が初めから意図したものではない。「革新的とみなされているアイディアやテクノロジーは開発当初、どんな製品になるのかは見当もつかなかったものが多い。そんなアイディアを育てて、製品化にこぎつけたのだ。急速に進化する

市場の中の初期プロジェクトは嵐の中を舞う葉っぱのようなものだ。どこに行きつくかを予測するのは難しい。葉っぱが着地した後にこのテクノロジーが市場を破壊したというのはやさしい。」というバーコールの言葉には説得力がある。確かに、いま求められているのは事後的な破壊を想定したようなイノベーションの遂行ではなく、これまでの常識や信条から言ってありえないような「クレイジー」なアイディアを許容し大事に育てる組織の構築なのかもしれない。結果がどうなるかわからないが本人がワクワクして「これだ」とのめりこんでいるものは、「やってみて、3回失敗して、嘲笑や、嘲り、裏切りや妨害を経て」しか結論は出ない。そんな貴重で脆いものを組織の都合や確率分布を根拠に排除していたら絶対に面白い社会は来ない、と。

　バーコールはルーンショットの度合いが増せば増すほど、プロジェクトの擁護者の役割が重要としているがこれは西堀榮三郎の「ものつくり道」でも指摘されていることは先述した。

2．日本におけるムーンショット型研究開発制度

　平成31年3月に内閣府よりムーンショット型研究開発制度の創設が提案されている。そのベースとして、未来社会の姿と今後顕在化するであろう課題に関する考察を世界と日本についてまとめられている。現状の課題から必然的な流れをまとめてそれにより世界の動向、国内の動向に展開し顕在化するであろう課題の例（ビジネスチャンス）へとさらなる展開をしている。よくまとまっていてわかりやすい。（次頁以降に添付）

　この表で顕在化するであろう課題がルーンショットのテーマにつながるのだろう。

　食料、健康・医療、都市、エネルギー、環境・資源、産業・労働、情報通信・テクノロジー、宇宙開拓に整理して示されている。

　とりあえず、これがイノベーションの課題のジャングルだ。ルーンショットのターゲットと考えてよいのだろう。

未来社会の姿と今後顕在化するであろう課題に関する考察（世界）

参考3　第1回ビジョナリー会議資料

必然的な流れ	世界の動向	顕在化するであろう課題例（ビジネスチャンス）
人口の爆発的な増加（インド、アフリカ）、急速な高齢化（中国、先進諸国） 2050年の人口（）内は2017年 全世界98億人（現在76億人） アジア・アフリカで79億人（54億人） 全世界の高齢者（60歳以上） 21億人（10億人） （中国・先進各国の高齢化が進展） 出所：米国調査資料	**■ 未来の負** ・食糧のひっ迫（食料需要量、現在15～2050年で69億トン） ・価格高騰の可能性（需要増や天候不順、砂漠化等） ・未病者の配分が顕在化（肥満者の増加→13～30億人を数える見通し。都市住民の肥満問題→米国では市民の65,500億ドルが増加） **■ 未来の健康・医療（ライフサイエンス）** ・主たる医療を受けられるのは世界の約半分 医療技術の進歩により、平均寿命が延びて世界の高齢者人口が20億人、多くの地域で高齢者の医療費の医療費が増加 医療費の9割はGDPの20%を超えると医療制度を支圧迫、2040年には世界の医療費は20兆＊％（IMF推計） 遺伝子情報の解析から速く予防医療が重要に。公的制度を維持し医療水準の維持困難（WHO調査） 2030年までに、認知症等の慢性疾患による医療費増大（世界で47兆ドル＊） 2050年までにアジアでの人口が世界で最も高くなる見通し。公的制度を補完する医療介護サービス市場が拡大→ヘルスケアフィナンシャルグループ分析 **■ 未来の都市** ・世界のクラ・ジクラス市場は年間約2000兆円 ・2050年頃には世界人口の70%が都市で生活　深刻な750のクラ不足（住宅・ビル、上下水道、交通網等） ・老朽化クラの遺産化（アフリカ等を維持するだけで継続的な整備が必要） ・都市機能（電気、交通等）をデジタル化→「スマートシティ」の取組が普及（ドバイ、シンガポール） **■ 未来のエネルギー** ・2040年までに800兆円の再生可能電源は13ポイント上昇 ・太陽光等の再生可能電源は4ポイント～割合と組み合わせたコストスマート・グリッド（IT活用送電網）が普及 **■ 未来の環境・資源** ・水資源の汚染・ひっ迫（2050年は世界人口の4割が水ストレスに（ホビジネス2025年に110兆円） ・都市の大気汚染が深刻化（デリー、北京等でPM2.5問題が顕在化、2050年には全世界に深刻な影響） ・メガリアの汚染（毎年、2億7,500万トンのプラスチックが海に流出、うち480～1,270万トンが流出する可能性） ・IT関連の「2030難問」の実現　需要は、従来の東芝等排出量がピークを迎えに実証で対応する必要 ・海面上昇による洪水被害、水没危機（広州、ドバイ、ニューヨーク、ムンバイ、名古屋等） ・中国では、2030年までにCO2排出量をGDP当たり6割削減を利用する→イノシシ（太陽光発電電源を推進） ・資源の枯渇（アンテナ等の希少金属の残存年数は僅か、インジウム15年、銀16年、リチウム21年、鉛（肥料）75年） ・アフリカにおける資源開拓（地球上の約1/3、原油用埋蔵量のうちの割合を保有） **■ 未来の産業・労働** ・マーケットプレイス、3Dプリンター、オーダーメイド品の現地製造が次々増加、製造業が分散型生産に移行 ・単純労働が次々と減少、直接から力に変わって仕事がAI、ロボットに代替 ・自動運転車、自動で航行する配置サービスの普及など、利用のしやすさを直線化 ・オンライン受注を通じて、需給状況に応じて価値を即時変化させ得る、若者の失業率が高まり、特定企業を選ばず、不況型ビジネスの普及や問題増加 ・定年後も働く高齢者が増加する一方、若者の対面式の授業に加え、オンラインの授業など、わらわれの授業が普及 **■ 未来の情報通信・テクノロジー** ・2025年にはコンピュータは数のネットワークと次々接続して、現在の1万倍の高速の情報をより伝送 ・IoT、機器、ヒト、クラウドが相互接続され、複雑なデータコミュニティ・ネットワークが登場 ・電子マネー取引、ビットコインのような仮想通貨の普及が進むなど、個人の保護やデータの保護が高度化 ・教育場面にもデジタル化、従来の対面式の授業の高度化 **■ 未来の宇宙ビジネス** ・2017年の宇宙ビジネスは世界で約37兆の12兆円 ・通信、モニタリング用のクラウドをビジネスとして海運ビジネスが定着 ・2025年以降、米国、中国における宇宙基地建設計画の進展	**■ 食料** ・品種改良の加速進化等による生産性の向上 ・東南アジア地域における食市場の拡大、世界的な健康意識の高まり ・水産資源の持続的な利用・管理 **■ 健康・医療（ライフサイエンス）** ・医療サービスの効率化・低コスト化 ・予防医療技術の充実（成人病、認知症等） ・2040年の世界の医療費　約62,000億円　出所Lancet誌 **■ 都市** ・都市のグリッド化、スマートシティ ・新興国におけるクラ整備 **■ エネルギー** ・工ネオ一層・蓄熱、工ネオ一源の多様化（水素燃料） ・2050年まで口ボットやドローン等の世界市場は約138兆円出発 ・野村総合金融経済研究所発表 **■ 環境・資源** ・水資源の効率利用、水質浄化 ・脱炭素化による大気汚染対策、大気浄化 ・海洋浄化、プラスチック代替素材開発 ・代替資源探索、新素材開発 **■ 産業・労働** ・シェアリング・ワーク ・宇宙ビジネス大規模化 ・2025年の宇宙市場は世界市場約3.3兆円　出所三菱総合研究所 **■ 情報通信・テクノロジー** ・データ・セキュリティの強化、個人情報保護 **■ 宇宙開拓** ・宇宙利用に係る覇権化 ・宇宙ゴミ対策
急速な都市化		
地球温暖化の進展、環境汚染の深刻化 2050年までに最大5.8℃へまで上昇 出所IPCC資料		
AI等による科学技術の飛躍的な進歩 最先端テクノロジー（AI、ロボット、ブロックチェーン、ゲノム編集等）集、某技術		

「データブック近未来予測2025」ティム・ジョーンズ＆キャロライン・デューイング著　早川書房出版 等を参考に内閣府作成

未来社会の姿と今後顕在化するであろう課題に関する考察（日本）

日本強み（産業分野）	顕在化するであろう課題例 （ビジネスチャンス）	国内の動向	必然的な流れ

必然的な流れ

人口の減少・少子高齢化の加速

	2015	2030（推定）	2050（推定）
人口（人）	1.25億	1.16億	0.97億
高齢化（>65歳以上）（%）	20	32	39

※総務省資料

インフラの老朽化

地球温暖化の進展、エネルギー・環境制約等の増大

AI等による科学技術の飛躍的進歩

食料

日本強み
- 品種開発　野菜等：世界シェア2割　例：植物種苗販売額世界有数（世界第5位）
- 発酵（健康食品）　高付加価値マーケット世界シェア75％程度

顕在化するであろう課題例（食料）
- 良質な農産物、健康食サービスの海外展開
- ジャパン・タイムで物流、商流を生じさせない
- いワローバ゙物流、商流の持続的利用・管理
- 水産物資源の持続的利用・管理

未来の食（国内の動向）
- 高齢化進展による国内生産力の弱体化（現行の食料自給率39%）
- 水産物資源の減少・枯渇、家畜伝染病等の増加リスクの拡大
- 海外市場（輸出）が拡大、品価格が相対的に上昇
- 農村・山林の荒廃化が進展、水源の涵養など生態系サービス機能が低下

健康・医療・医療（ライフ（IoX））

日本強み
- 再生医療（iPS細胞）、脳科学、ろうがんば（イノロジー（物理とば（イオの融合）
- 診療機器（内視鏡等）　内視鏡世界シェア高性能

顕在化するであろう課題例
- 医療サービスの効率化・低コスト化
- 予防医療の充実（成人病、認知症等）
- 遠隔・過疎地域における遠隔医療技術の確立　新素材開発

未来の健康・医療・医療（ライフ（IoX））
- 高齢化（高齢化率2015年17%→2050年38%）による社会保障費（医療費、年金）の増加、財政を圧迫（社会保障費　2012年110兆円→2040年190兆円、厚労省推計）
- 要介護認定者数・独居高齢者が増加（単身世帯1人暮らし約5000万人、2025年には認知症の5人に1人が認知症リスク）
- クローバ゙ル化した食品や人の移動等により、新たな感染症リスク（ジカ熱、脳炎等）が増大

インフラ・メンテナンス

日本強み
- 建設機械の世界シェア（2016年）ニッコマ2社（12%）、日立建機第5位（6%）

顕在化するであろう課題例
- 都市再生、スマート・シティ
- メディガ的対応の向上
- インフラ産業の海外展開

未来の都市（国内の動向）
- インフラの老朽化　今後20年間で建設後50年以上を超える施設が半数以上（インフラ関連インフラ維持・更新費の中長期展望より）
- 国・自治体の財政悪化による労働力不足
- 半数以上の市町村（896市町村）が消滅危機　社会インフラの維持が困難化（日本創成会議試算）

エネルギー・資源

省エネ、資源リサイクル
- 特許取得数グローバル7位（水素利用特許数世界首位企業第8社）

マテリアル　応用繊維世界シェア

顕在化するであろう課題例
- エネルギー貯蔵、エネルギー源の多様化（水素）

未来のエネルギー（国内の動向）
- 脱石油化・低炭素社会化による、製造業の競争力が相対的に低下
- スマートグリッドの普及等により、IoTの省エネ技術、資源外交が確立

環境・資源

循環型社会（大気・水処理）
- 2030年の地球エネルギー・環境技術の世界市場：14倍（経済産業省／富士経済調査）

顕在化するであろう課題例
- プラスチック材料素材開発
- 大都市における持続的なプラスの拡大、備の低コスト化
- 代替資源探索　新素材材料開発

未来の環境・資源（国内の動向）
- 資源循環可能な社会づくりに向けた国民意識の高まり
- 温暖化による海面上昇により、沿岸部都市の一部が水没危機

産業・労働

ロボット（工作機器）
- 産業用ロボット世界シェア3割

パワー半導体（省エネ工ネ機器）
- パワー半導体世界シェア2割

蓄電池（自動車）
- リチウムイオン電池世界シェア2割

顕在化するであろう課題例
- シェアリング・ワーク
- 宇宙ビジネス的関係
- データ・AIが分野等のカルカ教育

未来の産業・労働（国内の動向）
- 工場のAI・ロボット管理が進展　ビッグデータ・AI活用　人材に対する雇用ニーズが増大
- 日本の強みである課題解決型EVの多様な産業、サービスがグローバルに展開
- 国内の研究開発力が弱体化すると、民間企業の開発投資基盤が国内外に移転、様々なサービス業の協働・融合でビジネスモデルEV化、自動走行等によるモ゙デ゙ル事業の多様化とともに、様々なサービス業の誕生、フリーランスが増加
- 独居高齢者の見守りサービスなどシェア・ネット化が拡大
- 定年の延長、定年後も働く高齢者が増加する中、若者の失業、若者のデ゙ジ゙ダルビジネスビジネスが活発化

情報通信・テクノロジー

光・量子科学

顕在化するであろう課題例
- データ・セキリティ強化、個人情報保護
- 遠隔・過疎地域におけるデジタル・デバイドの解消

未来の情報通信・テクノロジー（国内の動向）
- モノ、機器、ビル、インフラ等が相互直接接続された「IoT（アイオーティー）」が進展　ネットワークはスマート・シティが主戦場
- 電子マネーなど普及、金融サービスが効率化・多様化
- 離島・過疎地域と都市間のデジタル・デバイドが問題化

宇宙開拓

宇宙ビジネスの創成

顕在化するであろう課題例
- 宇宙利用に係る防災対策
- 宇宙ゴミ対策

未来の宇宙ビジネス（国内の動向）
- 通信、モニタリング用のインフラとして衛星ビジネスが進展
- 宇宙太陽光発電等の構想拡大が進展

コラム：科学と方法－偶然とは

アンリ・ポアンカレ　岩波文庫

我々の眼に留まらないほどのごく小さな原因が、我々の認めざるを得ないような重大な結果を引き起こすことがあると、かかるとき、我々はその結果は偶然に起こったという。

我々が自然の法則と、最初の瞬間における宇宙の状態とを、正確に知っていたならば、その後の瞬間に於ける同じ宇宙の状態を正確に予言できるはずである。しかしながら、たとえ自然の法則にもはや秘密がなくなったとしても、我々は最初の状態をただ近似的に知りえるに過ぎない。もし、それによってその後の状態を同じ近似の度をもって予見し得るならば我々にとってはこれで十分なのであって、このときその現象は予見された、その現象は法則に支配される、という言葉を用いる。

しかしながら、いつもかくなるとは限らない。最初の状態における小さな誤差が、最後の現象において非常に大きな差異を生ずることもあり得よう。また、最初における小さな誤差が、後に莫大な誤差となって現れるでもあろう。

かくして、予言は不可能となって、ここに偶然現象が得られるのである。

とポアンカレは記している。

イノベーションは偶然と必然の化合物である。必然でないところが悩ましい。しかしやるしかないのである。果報は寝て待てというが寝ていてはほとんど来ないのだ。

「それは失敗じゃない。その方法ではうまくいかないことを発見したんだ。
だから成功なんだよ」
トーマス・エジソン

第14章
北極星

　ポリアの「数学の問題の発見的解き方」（みすず書房）の「序」に以
下の文がある。
「　あなた方はあらゆる扉を開く魔法の言葉の話を覚えているだろう。デ
カルトはすべての問題を解く普遍的な方法に思いを凝らし、ライプニッ
ツは完全な方法というアイディアを非常に明白に定式化した。
　しかし、かつて卑金属を黄金に変えると思われた哲学者の探求が成功
しなかったように普遍的で完全な方法の探求もまだ成功していない。
　世の中には夢のままで終わらせねばならぬような偉大な夢があるもの
なのだ。それにもかかわらず、達成されなくても、このような理想は人々
に感化を及ぼすであろう。
　北極星に行った人はいないけれども、この星を見て正しい進路を発見
した人は多いのだ」
という含蓄のある言葉だ。
　また、上に記したエジソンの言葉は発明だけでなく事業化にも当ては
まる言葉だ。失敗は小さな北極星なのだ。ルーンショットで言えば、3
つの死も北極星なのだ。
　一方で、ティム・ハーフォードが「50　今の経済をつくったモノ」（日
本経済新聞出版社）で述べているように、発明は解決策に過ぎないと決
め込む落とし穴にはまらないようにしなければいけない。発明は問題を
解決するだけではない。私たちの生活に思いもよらないような影響を及

ぼす。誰かの問題を解決する一方で、誰かの問題を生み出していることも多い。一つ一つの発明が経済の中で蜘蛛の巣のように複雑に絡み合っているからである。

その絡み合いは、時に混乱をもたらし、時に古い制約を突き抜け、時に新しい模様を紡ぎだすのだ。

人は何を知ることができないか？

人は何をなすべきでないか？

人は何を望むことが許されないか？

は吉永良正の「ひらめきはどこから来るのか」（草思社）で述べられている。

AI、5G、6G、グローバル・コモンズなど課題は山ほどあるが、今後どのような新しい模様を紡ぎだせるのだろうか？

個人個人には、西堀榮三郎の「ものつくり道」（ワック社）から西堀さんが技師道と呼ぶ１５項目を頭に叩き込むことだろう。

技師道

1）技術に携わるものは「大自然」の法則に背いては何もできないことを認識する

2）技術に携わるものは感謝して自然の恵みを受ける

3）技術に携わるものは論理的、唯物論的になりやすい傾向を持つ。従ってとくに精神的に向上するように精進する

4）技術に携わるものは技術の結果が未来社会及び子々孫々に如何に影響を及ぼすのか、安全、公害、資源などから洞察、予見する任務を負う

5）技術に携わるものは企業の発展において、技術がいかに大切であるかを認識し、経済への影響を考えること

6）技術に携わるものは常に顧客志向でなければならない

7）技術に携わるものは人倫に背く目的には毅然とした態度で臨み、いかなることがあっても屈してはならない

8）技術に携わるものは互いに「良心」の養育に努める

9）技術に携わるものは創造性、とくに独創性を尊び、科学、技術の全分野に注目する

10）技術に携わるものは勇気を持ち、技術の開発に精進する。

11）技術に携わるものは「仕事愛」を持って常に精進する。骨惜しみ、取り越し苦労をいましめ、困難を克服することを喜びとする

12）技術に携わるものは常に注意深く、微かな異変、差異も見逃さない

13）技術に携わるものは責任転嫁を許さない

14）技術に携わるものは常に楽観的で「禍を転じて福をなす」の諺のように失敗を恐れずそれを成功にもっていく術を身につけねばならない

15）技術に携わるものは何事をなすにも「仁」の精神で、他の技術に携わるものを尊重して相互援助の実を上げる

そして締め括りとして、再度以下の3つも記しておきたい。

1）あなたは答えだけでなく、自分の思考プロセスについても説明できねばならない。

2）あなたは問題を解決している最中、自分が何をしているのかキチンと認識できていなければならない。

3）何がわかっていて、何がわからず、どう知識を集めて対応したか、しっかりと自分に説明できねばならない。

あとがき

　中学、高校の頃、幾何学の補助線に没頭したことがある。どうやったら、必然的に補助線を見つけられるかに熱中したのである。当時読んだし映画でも見た、「麻雀放浪記」の主人公の坊や哲の考え方にも納得していたと思う。自分なりの方法の探求である。

　学士會会報にあった佐川眞人氏の「ネオジウム磁石をどうやって見つけたか」（No.945,2020-Ⅵ）を見ていたら、次のようなことが書いてあった。１９７８年のあるシンポジウムで、希土類・鉄磁石がなぜ実用材料として実現しないかということについて、当時の最新の研究成果として「希土類鉄化合物の中の鉄と鉄の原子間距離が小さすぎるので、強磁性状態が安定でない。これが希土類・鉄磁石が実現しない理由である」という説明を聞いているときにアイディアが浮かんだ。希土類鉄化合物の原子間距離を広げるのならホウ素や炭素のような原子半径が小さい元素をこれらの化合物に合金化してやればいいのではないか、と。

　ルーンショットのところで紹介した、スタチンもこういう、つまりコレステロールをブロックして殺すそんな化学物質を分泌する菌類はないのかと遠藤章博士が考えたところから生まれた。

　私も若い頃、ディーゼルエンジンの排気ガス対策で燃料の噴射時期を遅らせねばならないがそうすると燃焼期間が長くなり効率（燃料消費率）が悪くなる、それなら燃焼室内で乱流を起こして少しでも燃焼期間を短くできないか？ということで角丸燃焼室に至り、特許を得、製品に採用できた。

　つまり、「それならこうしたら」ということから問題解決の物語は始まるが、それが大事ではあるが、解決のプロセスを身に着けておくことも重要なのではないのかと思う。

若い頃からプロセスをと思い調べてきたことをまとめてみたのがこの本である。

　２０２０年は新型コロナウイルスの１年であった。世界のリーダーたちのリーダーシップの差を明瞭にした年でもあったと思う。問題解決のプロセスを自覚しているか、していないかの差でもあったように私には思える。

２０２０年１２月

小宮山　邦彦

図表一覧

図一覧

表一覧

参考文献リスト

１．　OECD　　Competency Frame-work

２．　WIPO　グローバル・イノベーション・インデックス

３．　板坂　元　「考える技術・書く技術」　講談社現代新書

４．　外山滋比古　「思考の整理学」　ちくま文庫

５．　ポリア　「いかにして問題をとくか」　丸善株式会社

６．　W.A. ウィケルグレン「問題をどう解くか─問題解決の理論」ちくま学芸文庫

７．　S.H. サイモン　「Human Problem Solving」

８．　J.E. ゴードン　「構造の世界─なぜ物体は崩れ落ちないのか」丸善株式会社

９．　Shearer 他　「Introduction To System Dynamics」Addison Wesley

１０．　F.Reif 他　「Knowledge Structure & Problem Solving in Physics」

１１．　J.R.Andersen　Abstract Planning & Perceptual Chunks :Elements of Expertise in Geometry　Cognitive Science １４，１９９０

１２．M.Praveen　A　logical way of solving story problem in physics

１３．A.Biederman　Recognition-by-components:Theory of Human Image Understanding

１４．羽生善治他　「先を読む頭脳」　新潮社

１５．鈴木宏昭　「類似と思考」　ちくま学芸文庫

１６．野内良三　「レトリックと認識」NHK ブックス

１７．ポアンカレ　「科学と方法」岩波文庫

１８．G.ワラス　「思考の技法」ちくま学芸文庫

１９．吉永良正　「ひらめきはどこから来るのか」草思社

２０．W.パウンドストーン　「ビル・ゲイツの試験問題」青土社

２１．Holyoak 他　「Schema Induction & Analogical Transfer」Cognitive
　　　Psychology １５，１９８３

２２．Spellman「If Saddam is Hitler,who is George Bush? Analogical Mapping
　　　between systems of social rules」Journal of Personality & Social
　　　Psychology ６２，１９９２

２３．F.Singer　「地球温暖化は止まらない」東洋経済新報社

２４．田中道昭　「追悼　イノベーションの伝道師　クリステンセン逝
　　　く」週刊エコノミスト　２.１１.２０２０

２５．早川英男　「アベノミクス６年間での発見」　東洋経済新報社

２６．D.カーネマン　「ファースト　アンド　スロー」ハヤカワ文庫

２７．ポリア　「数学の問題の発見的解き方」　みすず書房

２８．安西裕一郎　「問題解決の心理学」中公新書

２９．三藤利雄　「イノベーションの革新」ナカニシヤ出版

３０．J.チャロナー　「人間の歴史を変えた発明１００１」ゆまに書房

３１．米盛裕二　「アブダクション―仮説と発見の理論」　勁草書房

３２．竹山重光　「技術の良し悪し」　環境技術　ｖｏｌ２２　Ｎｏ　１３
　　　１９９３

３３．山本義隆　「近代日本１５０年―科学技術総力戦体制の破綻」岩
　　　波新書

３４．クラウス・シュワッブ　「ダボス会議が予測する未来」日本経済

新聞出版社

３５．藤原辰史　「戦争と農業」　インターナショナル新書

３６．森下伸也　「逆説思考　自分の頭をどう疑うか」光文社新書

３７．池内　了　「科学者と戦争」岩波新書

３８．五神　真　「知の協創と世界拠点へ」学士會会報　No. ９４３　２０２０

３９．J. ヤング　「アイディアの作り方」　　TBS ブリタニカ

４０．西堀榮三郎　「ものつくり道」　ワック株式会社

４１．ロジャー・スミス　「NULIUS IN VERBA」　Web.

４２．B. アーサー　「テクノロジーとイノベーション」みすず書房

４３．G. アルトシュラー　「And Suddenly the innovator Appeared」Technical Innovation Center.inc.

４４．K.Rantaman 他　「Simplified TRIZ」Auerbach Publication

４５．長田　洋他　「革新的課題解決法」　日科技連

４６．澤口　学　「TRIZ とは―その考え方と主な手法・ツール」標準化と品質管理　Vol. ６６，No. 2

４７．苅谷剛彦　「知的複眼思考」　講談社 α 文庫

４８．J. ゴールデンバーグ　「インサイド・ボックス―究極の創造的思考法」文芸春秋社

４９．サフィ・バーコール　「ルーンショット　世界を覆す究極のしくみ」日経 BP

５０．ティム・ハーフォード　「５０　今の経済をつくったモノ」日本経済新聞出版社

＜著者略歴＞

小宮山　邦彦（こみやま　くにひこ）

１９４５年生まれ。１９６８年東京大学工学部航空学科卒業。同年小松製作所（建設機械及び鉱山機械の製造販売）入社。１９７５年MIT（マサチューセッツ工科大学大学院、修士課程及び博士課程卒業）Ph.D.。帰国後エンジン開発室長、油機開発センタ副所長、油圧ショベルプロダクトマネージャーとなる。１９９２年ハーバード大ビジネススクールISMP終了。１９９６年取締役商品企画室長。その後経営企画室長などを経て２００８年小松製作所　取締役専務執行役員開発本部長　研究及び品質保証管掌を退任。その間５年間日本内燃機関連合会会長を務める。２０１３年株式会社ミヤチテクノス（一部上場の精密抵抗溶接機やレーザー溶接機メーカー）代表取締役社長兼CEOを退任、現在に至る。

21世紀のスキル　問題解決とイノベーションの作法

2021年　9月20日　初版第1刷発行
定　　価　　2,200円（本体価格2,000円＋消費税10%）
著　　者　　小宮山邦彦　　©Kunihiko Komiyama
発行者　　宮沢　隆
発行所　　株式会社にじゅういち出版
　　　　　〒101-0032　東京都千代田区岩本町1-8-15岩本町喜多ビル6階
　　　　　TEL 03（5687）3460　FAX 03（5687）3470
　　　　　https://www.21-pub.co.jp

印刷／大日本法令印刷株式会社
ISBN978-4-904842-36-2　C2034
乱丁本・落丁本は当社にてお取替えいたします。
2021　Printed in Japan